U0902593

图书在版编目(CIP)数据

儒学经典 / 吕友仁等注译. -- 郑州 : 中州古籍出版社, 2012.9
（国学典藏）
ISBN 978-7-5348-3883-5

Ⅰ. ①儒… Ⅱ. ①吕… Ⅲ. ①儒学 Ⅳ. ①B222

中国版本图书馆 CIP 数据核字(2012)第 146781 号

国学典藏—儒学经典

出 版 社: 中州古籍出版社
齊魯書社
发行单位: 新华书店
承印单位: 山东齐鲁古籍印务有限公司
开　　本: 880mm×1230mm　1/16　　印　　张: 247.75
字　　数: 845 千字　　印　　数: 2000 册
版　　次: 2012 年 9 月第 1 版　　印　　次: 2012 年 9 月第 1 次印刷

定价: 1424.00 元(一函十一卷)
本书如有印装质量问题,由承印厂负责调换,电话:0539-2216386。

傳習録

卷壹（共貳卷）

目録

【原文】

上卷

徐愛録

先生於《大學》「格物」諸說，悉以舊本爲正，蓋先儒所謂誤本者也。愛始聞而駭，既而疑，已而殫精竭思，參互錯綜，以質於先生，然後知先生之說若水之寒，若火之熱，斷斷乎百世以俟聖人而不惑者也。先生明睿天授，然和樂坦易，不事邊幅。人見其少時豪邁不羈，又嘗泛濫於詞章，出入二氏之學，驟聞是說，皆目以爲立異好奇，漫不省究。不知先生居夷三載，處困養靜，精一之功固已超入聖域，粹然大中至正之歸矣。

愛朝夕炙門下，但見先生之道，即之若易而仰之愈高，見之若粗而探之愈精，就之若近而造之愈益無窮，十餘年來竟未能窺其藩籬。世之君子，或與先生僅交一面，或猶未聞其謦欬，或先懷忽易憤激之心，而遽欲於立談之間，傳聞之說，臆斷懸度，如之何其可得也？從遊之士，聞先生之教，往往得一而遺二，見其牝牡驪黃而棄其所謂千里者。故愛備録平日之所聞，私以示夫同志，相與考而正之，庶無負先生之教云。

門人徐愛書

【译文】

先生对于《大学》中「格物」等观点，都是以旧本为准，即朱熹所说的有许多错误的那个版本。我刚听说时很吃惊，进而有点怀疑，后来，我竭尽全力，相互比较分析，又向先生本人请教。经先生悉心指教，我才明白先生的学说如同水性清寒、火性炽热一样，绝对是《中庸》中所说的，即使百代之后圣人出现也不会怀疑的真理。先生天资聪慧，为人却和蔼坦诚，平易近人，不修边幅。人们只见先生年轻时豪放不羁，又曾经热衷于诗词文章，沉溺于佛、道两家学说。所以，猛然听到他的学说，都觉得是标新立异、荒诞不经而不屑深究。他们不了解先生在贬谪贵州的三年里，于困苦之中修养静思，精一的功夫已超凡入圣，进入绝对精纯的境界了。

我朝夕于先生门下亲聆教诲，深知先生的学说初接触感到很浅易，仔细研究就觉得很高深；乍看起来似乎很粗疏，认真钻研就觉得很精妙；刚接近好像很平常，深入学习却没有止境。十多年来，我竟然没能入门。当今的学者，有的仅与先生有一面之交，有的从未听过先生的教诲，有的先入为主地怀有轻蔑、愤怒而激动的情绪，没谈上几句就急于根据传闻臆说，妄加揣度，这样怎能真正理解先生的学说呢？跟随先生的学生们，聆听先生的教诲，经常是学到的少而遗漏的多，如同相马时，只看到了马的雌雄黑黄而忽略了千里马的特征。因此，我把平时听到的教诲全部记录下来，私下里给同学们看，相互考核订正，以不负先生的谆谆教诲。

学生徐爱书

【原文】

愛問：「『在親民』，朱子謂當作『新民』，後章『作新民』之文似亦有據。先生以爲宜從舊本作『親民』，亦有所據否？」

先生曰：「『作新民』之『新』是自新之民，與『在新民』之『新』不同，此豈足爲據？『作』字卻與『親』字相對，然非『親』字義。下面『治國平天下』處，皆於『新』字無發明，如云『君子賢其賢而親其親，小人樂其樂而利其利，如保赤子；民之所好好之，民之所惡惡之，此之謂民之父母』之類，皆是『親』字意。『親民』猶孟子『親親仁民』之謂，親之卽仁之也。百姓不親，舜使契爲司徒，敬敷五教，所以親之也。《堯典》『克明峻德』，便是『明明德』；以『親九族』至『平章協和』，便是『親民』，便是『明明德於天下』。又如孔子言『修己以安百姓』，『修己』便是『明明德』，『安百姓』便是『親民』。說『親民』便是兼教養意，說『新民』便覺偏了。」

【译文】

徐爱问：「朱熹认为《大学》中的『在亲民』应当写作『新民』，后面一章有『作新民』的词句，好像可以作为依据。先生却认为应照旧本写作『亲民』，有什么根据吗？」

先生说：「『作新民』中的『新』字，是自新之民的意思，和『在新民』的『新』不同，『作新民』怎么能作为『在新民』的根据呢？『作』与『亲』相对应，但不是『亲』的意思。下面『治国平天下』等处，对于『新』字都毫无阐发，如：『君子贤其贤而亲其亲，小人乐其乐而利其利，如保赤子；民之所好好之，民之所恶恶之，此之谓民之父母』等等，这些都是『亲』的意思。『亲民』就像孟子所说的『亲亲仁民』，亲之就是仁爱的意思。百姓不仁爱，舜就让契担任司徒，敬敷五教，让他们互相亲近。《尧典》中说的『克明峻德』就是『明明德』；以『亲九族』到『平章协和』就是『亲民』，就是『明明德于天下』。又如孔子说『修己以安百姓』，『修己』便是『明明德』，『安百姓』就是『亲民』。说『亲民』就是兼有养育教化的意思，朱子说『新民』就有些偏了。」

【原文】

愛問：「『知止而後有定』，朱子以爲『事事物物皆有定理』，似與先生之說相戾。」

先生曰：「於事事物物上求至善，卻是義外也。至善是心之本體，只是『明明德』到『至精至一』處便是。然亦未嘗離卻事物。本注所謂『盡夫天理之極，而無一毫人欲之私』者得之。」

【译文】

徐爱问：「《大学》中的『知止而后有定』，朱熹认为是说『万事万物都有其特定的道理』，这似乎与先生的学说相抵触。」

先生说：「在各种具体事物上探求最高的善，就是把义看成外在的了。至善是心的本体，只要『明明德』达到『精一的境界』就是至善了。但是，这一过程并没有和具体的客观事物相脱离。朱熹在《大学章句》中说只有『穷尽天理而心中无一毫私心杂念』的人，才能达到至善的境界。」

【原文】

愛問：「至善只求諸心，恐於天下事理有不能盡？」

先生曰：「心卽理也。天下又有心外之事、心外之理乎？」

愛曰：「如事父之孝，事君之忠，交友之信，治民之仁，其間有許多理在，恐亦不可不察。」

先生歎曰：「此説之蔽久矣，豈一語所能悟！今姑就所問者言之：且如事父，不成去父上求箇孝的理；事君，不成去君上求箇忠的理；交友、治民，不成去友上、民上求箇信與仁的理。都只在此心，心卽理也。此心無私欲之蔽，卽是天理，不須外面添一分。以此純乎天理之心，發之事父便是孝，發之事君便是忠，發之交友治民便是信與仁。只在此心去人欲、存天理上用功便是。」

愛曰：「聞先生如此説，愛已覺有省悟處。但舊説纏於胸中，尚有未脱然者。如事父一事，其間温清定省之類，有許多節目，不亦須講求否？」

先生曰：「如何不講求？只是有箇頭腦，只是就此心去人欲、存天理上講求。就如講求冬温，也只是要盡此心之孝，恐怕有一毫人欲間雜；講求夏清，也只是要盡此心之孝，恐怕有一毫人欲間雜：只是講求得此心。此心若無人欲，純是天理，是箇誠於孝親的心，冬時自然思量父母的寒，便自要去求箇温的道理；夏時自然思量父母的熱，便自要去求箇清的道理。這都是那誠孝的心發出來的條件。卻是須有這誠孝的心，然後有這條件發出來。譬之樹木，這誠孝的心便是根，許多條件便是枝葉，須先有根然後有枝葉，不是先尋了枝葉然後去種根。《禮記》言：『孝子之有深愛者，必有和氣；有和氣者，必有愉色；有愉色者，必有婉容。』須是有箇深愛做根，便自然如此。」

【译文】

徐爱问：「只在心中探求至善，恐怕不能穷尽世上万事万物的道理吧？」

先生说：「心就是天理，世上哪还有存在于人心之外的事物和道理？」

徐爱说：「像服侍父亲的孝心、辅助君主的忠心、交友的诚心、治理百姓的仁心，这中间包含有许多道理，恐怕也不能不加以考察吧？」

先生感慨道：「这种观点蒙蔽人已经很久了，怎能一句话就说明白呢？现在姑且就你所问的问题谈一谈：比如侍奉父亲，不能从父亲身上寻求孝的道理；辅助君王，不能从君王那里寻找忠的道理；结交朋友、治理百姓，不能从朋友和百姓那里探求信和仁的道理。这些道理、信念都在我们心中，人心就是天理，人心不被私欲蒙蔽，至纯至精，就是天理，不需要从外面添加一丝一毫。这种纯属天理的心，表现在服侍父亲上就是孝，表现在辅助君王上就是忠，表现在交友、治理百姓上就是信和仁。只要在心中下功夫摒弃私欲、存养天理就行了。」

徐爱说：「听先生这么一说，我已觉得有所省悟。但过去的观念仍然萦绕心中，我还没有彻底摆脱出来。比如侍奉父亲，使其冬暖夏凉、早晚请安等有许多细节，不也需要讲求吗？」

先生说：「怎么能不讲求呢？只是要有一个侧重点，只在抛弃私欲、保存天理方面去探求。像父母冬天的保暖问题，仅仅是要尽自己的孝心，唯恐有丝毫私欲夹杂其间；像父母夏天防暑的问题，也仅仅是要尽自己的孝心，唯恐有丝毫私欲夹杂其间。只是讲求有这份心。心中如果没有私欲，纯为天理，是颗虔诚孝敬的心，冬天自然会想到父母的寒冷，夏天自然会想到他们的燥热，自然会去寻求保暖、防暑的道理。这都是那颗诚孝的心所产生出来的结果，只有先有虔诚的心，才会产生出这样的结果。比如树木，虔诚的心是树根，那许多体现出来的具体事项就是枝叶，必须先有根，然后才会有枝叶，而不是先寻求枝叶，然后才去种树根。《礼记》说：『深爱父母的孝子，对待双亲一定会很和气；有和气的态度，必定有愉快的气色；有愉快的气色，必定有让父母高兴的表情。』必须有深爱做根，就自然会如此。」

【原文】

鄭朝朔問：「至善亦須有從事物上求者？」

先生曰：「至善只是此心純乎天理之極便是，更於事物上怎生求？且試説幾件看。」

朝朔曰：「且如事親，如何而爲溫凊之節，如何而爲奉養之宜，須求箇是當，方是至善，所以有學問思辨之功。」

先生曰：「若只是溫凊之節、奉養之宜，可一日二日講之而盡，用得甚學問思辨？惟於溫凊時，也只要此心純乎天理之極；奉養時，也只要此心純乎天理之極。此則非有學問思辨之功，將不免於毫釐千里之謬，所以雖在聖人猶加『精一』之訓。若只是那些儀節求得是當，便謂至善，即如今扮戲子，扮得許多溫凊奉養的儀節是當，亦可謂之至善矣。」

愛於是日又有省。

【译文】

郑朝朔问：「至善也有必须从具体事物上探求的吗？」

先生说：「至善只是使自己的心达到纯粹天理的境界，怎么能在具体事物上寻求呢？你

举几个例子说说看。」

朝朔说：「例如侍奉父母，怎样才能算防寒降暑适度、侍奉赡养适当，必须探求个标准才算是至善。所以就有了学习、询问、思考、辨别的功夫。」

先生说：「如果仅仅是防寒降暑、奉养适宜的问题，一两天就可以搞清楚，还需要什么学问思辨？为父母保暖降温、侍奉赡养时，也只要自己的心至纯至精成为天理就行了。而要做到这一点，如果没有学问思辨的功夫，就不免差之毫厘，谬之千里了。所以，即使是圣人，仍然要用『惟精惟一』的功夫。如果只是把礼节讲求得恰当，便认为是至善，那么现在的演员在舞台上恰当地表演了许多对父母保暖防寒、侍奉赡养的礼节仪式，也可以称之为至善了。」

徐爱在这天又有所省悟。

【原文】

愛因未會先生「知行合一」之訓，與宗賢、惟賢往復辯論，未能決，以問於先生。

先生曰：「試舉看。」

愛曰：「如今人盡有知得父當孝、兄當弟者，卻不能孝、不能弟，便是知與行分明是兩件。」

先生曰：「此已被私欲隔斷，不是知行的本體了。未有知而不行者；知而不行，只是未知。聖賢教人知行，正是要復那本體，不是著你只恁的便罷。故《大學》指箇真知行與人看，説『如好好色，如惡惡臭』。見好色屬知，好好色屬行。只見那好色時已自好了，不是見了後又立箇心去好。聞惡臭屬知，惡惡臭屬行。只聞那惡臭時已自惡了，不是聞了後別立箇心去惡。如鼻塞人雖見惡臭在前，鼻中不曾聞得，便亦不甚惡，亦只是不曾知臭。就如稱某人知孝、某人知弟，必是其人已曾行孝行弟，方可稱他知孝知弟，不成只是曉得説些孝弟的話，便可稱爲知孝弟。又如知痛，必已自痛了方知痛；知寒，必已自寒了；知饑，必已自饑了：知行如何分得開？此便是知行的本體，不曾有私意隔斷的。聖人教人，必要是如此，方可謂之知。不然，只是不曾知。此卻是何等緊切著實的工夫！如今苦苦定要説知行做兩箇，是甚麽意？某要説做一箇是甚麽意？若不知立言宗旨，只管説一箇兩箇，亦有甚用？」

愛曰：「古人説知行做兩箇，亦是要人見箇分曉，一行做知的工夫，一行做行的工夫，即工夫始有下落。」

先生曰：「此卻失了古人宗旨也。某嘗説知是行的主意，行是知的功夫；知是行之始，行是知之成。若會得時，只說一箇知已自有行在，只

説一箇行已自有知在。古人所以既説一箇知又説一箇行者，只爲世間有一種人，懵懵懂懂的任意去做，全不解思惟省察，也只是箇冥行妄作，所以必説箇知，方纔行得是；又有一種人，茫茫蕩蕩懸空去思索，全不肯著實躬行，也只是箇揣摸影響，所以必説一箇行，方才知得真。此是古人不得已補偏救弊的説話，若見得這箇意時，卽一言而足，今人卻就將知行分作兩件去做，以爲必先知了然後能行，我如今且去講習討論做知的工夫，待知得真了方去做行的工夫，故遂終身不行，亦遂終身不知。此不是小病痛，其來已非一日矣。某今説箇知行合一，正是對病的藥。又不是某鑿空杜撰，知行本體原是如此。今若知得宗旨時，卽説兩箇亦不妨，亦只是一箇；若不會宗旨，便説一箇，亦濟得甚事？只是閑説話。」

【译文】

徐爱因没有领会先生「知行合一」的教导，与宗贤、惟贤反复辩论，仍未搞清楚，于是向先生请教。

先生说：「举几个例子来看看。」

徐爱说：「比如现在的人都知道应当孝顺父母、尊敬兄长，但实际上却做不到孝顺、尊敬，由此可见知和行分明是两件事。」

先生说：「这种人的知和行已经被私欲隔断了，不是知行本来的面目。没有知而不行的，知而不行，只是不知。圣贤教育人们认识、实践，就是要恢复知行本来的面目，不是只简单地告诉你如何认识、实践。因此，《大学》给出了一个真正知行的例子，就是『如同喜欢美色，如同厌恶腐臭』。看到美色是属于知，喜欢它则属于行，你一看到美色就自然喜欢它了，而不是看见后才生出个好色之心去喜欢；闻到腐臭味属于知，讨厌它属于行。你一闻到恶臭就自然讨厌它了，而不是先闻到才生出个厌臭之心去讨厌它。好比鼻子不通气的人虽然看到前面的恶臭，鼻子中没有闻到，也就不太讨厌，这就是不曾认识到臭。同样，我们说某人孝顺父母、尊敬兄长，一定是此人已经做到了孝悌，才说他知道孝悌。难道仅仅是他说了些孝顺、尊敬的话，就说他知道孝悌吗？又例如知道痛，一定是自己已经痛了，才知道痛；知寒、知饥，一定是自己已经受寒、饥饿。知和行如何分得开？上面这些例子就是知行本来的面目，二者还没有被私欲隔开。圣贤教育人，一定是这样才能称为知，否则就是还没有真正知。这是多么重要而实在的功夫呀！现在非要说知和行是两回事，知行不合一，是什么意思？我把知和行、认识和实践作为一个整体看是什么意思？如果不明白我立言的宗旨，只管争论知和行是一回事还是两回事，又有什么用？」

徐爱说：「古人把知和行当作两件事，也只是让人有个分别，好弄明白。一边做认识的功夫，一边做实践的功夫，这样功夫才能更好地落到实处。」

先生说：「这样理解反而失去了古人的本意了。我曾经说过，知是行的宗旨，行是知的落

只去修身以俟命；見得窮通夭壽有箇命在，我亦不必以此動心。事天雖與天爲二，已自見得箇天在面前；俟命便是未曾見面，在此等候相似：此便是初學立心之始，有箇困勉的意在。今卻倒做了，所以使學者無下手處。」

愛曰：「昨聞先生之教，亦影影見得功夫須是如此。今聞此説，益無可疑。愛昨曉思，格物的物字卽是事字，皆從心上説。」

先生曰：「然。身之主宰便是心，心之所發便是意，意之本體便是知，意之所在便是物。如意在於事親，卽事親便是一物；意在於事君，卽事君便是一物；意在於仁民愛物，卽仁民愛物便是一物；意在於視聽言動，卽視聽言動便是一物。所以某説無心外之理，無心外之物。《中庸》言『不誠無物』，《大學》「明明德」之功，只是箇誠意。誠意之功只是箇格物。」

先生又曰：「格物如孟子『大人格君心』之『格』，是去其心之不正，以全其本體之正。但意念所在，卽要去其不正以全其正，卽無時無處不是存天理，卽是窮理。天理卽是『明德』，窮理卽是『明明德』。」

又曰：「知是心之本體，心自然會知：見父自然知孝，見兄自然知弟，見孺子入井自然知惻隱。此便是良知，不假外求。若良知之發，更無私意障礙，卽所謂『充其惻隱之心，而仁不可勝用矣』。然在常人不能無私意障礙，所以須用致知格物之功勝私復理。卽心之良知更無障礙，得以充塞流行，便是致其知；知致則意誠。」

【译文】

徐爱问：「昨天听先生讲解『止至善』，我已知道功夫往哪儿下了。但想来想去总觉得与朱熹『格物』的观点不一致。」

先生说：「格物是止至善的功夫，既然明白了至善，也就明白了格物。」

徐爱说：「昨天以先生的教诲推究朱熹格物的学说，我大致上理解了。但朱熹的解释，有《尚书》中的『精一』、《论语》中的『博约』、《孟子》中的『尽心知性』作依据，所以我还是没有完全明白。」

先生说：「子夏虔诚地相信圣人，曾子反省探求。相信圣人固然不错，却没有自己反省探求能理解得深刻。你现在既然没有搞清楚，怎么能因循旧说，而不探求正确的答案呢？就拿朱熹来说，他也尊崇相信程子，但是他心中不明白的地方，何尝盲从过？『精一』、『博约』、『尽心』等观点，本来同我的学说是吻合的，只是你没有认真思考。朱熹格物的说法，不免有点牵强，不是《大学》中所说的格物的本意。求精是达到根本道理的功夫，博览多学是达到简洁明了的功

实；知是行的开始，行是知的结果。如果领会了这一学说，谈到知，已经包含有行；说到行，已经包含有知。古人之所以既说知又说行，只是因为世上有一种人，迷迷糊糊，任着自己的性子去做，不假思索，也只是肆意妄行，因此你必须跟他讲知的道理，他才能行得正确。世上还有一种人，整天空想，不肯脚踏实地付诸行动，也只是主观猜度，因此你必须跟他讲行的道理，他才能正确地知。这是古人为了补偏救弊而不得已采用的说法，若是真正领会了其中含义，把知和行合起来，一句话就可以说清了。现在的人却把知和行当做两件事，认为一定得先有认识，然后才能实践。我现在如果只去讲习讨论如何做到知的功夫，等到真正知了才去做行的功夫，那就会终生不付诸实践，也终生一无所知。这可不是小毛病，其由来已久了。我现在说知行合一，正是对症的药，而不是凭空杜撰，知行的本来面目就是这样。如果掌握了知行合一的原则，就算把它们说成两件事也无妨，本质上还是一回事。若没有领会知行合一的宗旨，就是说它们是一回事，又有什么作用？只是说些无用的话而已。」

【原文】

愛問：「昨聞先生『止至善』之教，已覺功夫有用力處，但與朱子『格物』之訓，思之終不能合。」

先生曰：「格物是止至善之功，既知至善，即知格物矣。」

愛曰：「昨以先生之教推之格物之説，似亦見得大略。但朱子之訓，其於《書》之『精一』，《論語》之『博約』，《孟子》之『盡心知性』，皆有所證據，以是未能釋然。」

先生曰：「子夏篤信聖人，曾子反求諸己。篤信固亦是，然不如反求之切。今既不得於心，安可狃於舊聞，不求是當？就如朱子，亦尊信程子，至其不得於心處，亦何嘗苟從？『精一』、『博約』、『盡心』，本自與吾説吻合，但未之思耳。朱子格物之訓，未免牽合附會，非其本旨。精是一之功，博是約之功。曰仁既明知行合一之説，此可一言而喻。盡心、知性、知天，是生知安行事；存心、養性、事天，是學知利行事；夭壽不貳，修身以俟，是困知勉行事。朱子錯訓『格物』，只爲倒看了此意，以『盡心知性』爲『格物知至』，要初學便去做生知安行事，如何做得？」

愛問：「『盡心知性』何以爲『生知安行』？」

先生曰：「性是心之體，天是性之原，盡心即是盡性。『惟天下至誠爲能盡其性，知天地之化育。』存心者，心有未盡也。知天，如知州、知縣之知，是自己分上事，已與天爲一；事天，如子之事父，臣之事君，須是恭敬奉承，然後能無失，尚與天爲二；此便是聖賢之别。至於『夭壽不貳其心』，乃是教學者一心爲善，不可以窮通夭壽之故，便把爲善的心變動了，

夫。你已经明白了知行合一的学说，这一句话就可说清了。尽心知性知天是生知安行的人能够做的事，存心、养性、事天是学知利行的人能够做的事，夭寿不贰，修身以俟是困知勉行的人做的事。朱熹错误地解释『格物』，只是因为他颠倒了因果关系，认为『尽心知性』就是『格物知至』，要求初学者去做生知安行的事，怎么做得到呢？」

徐爱问：「『尽心知性』怎么会是『生知安行』的人才能做的事呢？」

先生说：「人的本性是心的本体，天理是人性的本源，因此尽力扩张善良的本心就是彻底发挥人性。《中庸》说：『只有天下最虔诚的人，才能完全彻底地发挥人的本性，认识到天地万物的形成变化。』所谓存心，反过来说就是没有做到尽心。知天的知如同知州、知县的『知』，对天理的认识就像州官、县官治理州县那样是分内之事、理所当然，通晓天理也就是已经与天合二为一。事天就好比儿子侍奉父亲，臣子辅助君王，必须是恭恭敬敬小心伺候才能避免过失，还没有与天合为一体，这正是圣人与贤人的差别之所在。至于『夭寿不贰其心』，是教育人始终如一地行善，不能因为处境好坏、寿命长短而改变动摇行善的心，而只管去修身养性，至于结果如何，听天由命就是了。知道困厄腾达、寿命长短是由天命注定，我们也不必因此而动摇本心。事天虽然还没有达到天人合一的境界，但已经知道天命的存在了。等待命运的安排，与等待一个从来没有见过面、不知道对方长什么样的人是一样的：也就是说，初学的人开始确立志向的时候，有在困境中努力的意思。朱熹把这一循序渐进的程序搞颠倒了，所以使初学者无从下手。」

徐爱说：「昨天听了先生的教导，已隐隐约约体会到应当这样下功夫。今天又听了先生的解释，豁然开朗，再无一丝疑虑了。我昨天早上想格物的物字就是事字，是从心上来讲的。」

先生说：「是呀。身体的主宰就是心，心所发挥出来的就是意念，意念的本源就是感知，意念所指的东西就是事物。例如，我们的意念在侍奉父母上，那么侍奉父母就是一件事物；我们意念在侍奉君王上，那么侍奉君王就是一件事物；我们意念在关心百姓、爱护万物上，那么关心百姓、爱护万物就是一件事物；我们的意念在视、听、言、行上，那么视、听、言、行就是一件事物。所以我说本心之外没有天理，本心之外没有事物。《中庸》上说『不真诚就没有万事万物』，《大学》中说的『弘扬崇高德性』的功夫，讲的都是要思想真诚，思想真诚的功夫，就是认识事物的本质和规律。」

先生又说：「格物的格就像孟子所说『大人格君心』的『格』，意思是去掉内心的邪念，以保全本体的纯正。一旦思想萌动，就要去掉其中的邪念，以保证思想的公正纯粹，也就是时时处处保养心中的天理，这就是穷尽天理。天理就是『明德』，穷理就是『明明德』。」

先生又说：「知是心的本体，心自然会感知：见到父亲自然知道孝顺，见到兄长自然知道尊敬，见到小孩掉到井里自然会产生恻隐之心。这就是良知，不需要到心外去寻求。如果良知发现，又没有私心杂念阻碍，就是孟子所说的『充分发挥恻隐之心，仁爱的感情就取之不尽用之不竭』。但是对一般人来说，不可能没有私心杂念，所以必须用致知格物的功夫，战胜私欲恢复

天理，也就是使心中的良知再无私欲阻碍，充满心田，发挥自如，这就是致其知。良知恢复了，思想就能真诚专一。」

【原文】

愛問：「先生以博文爲約禮功夫，深思之未能得，略請開示。」

先生曰：「禮字卽是理字。理之發見，可見者謂之文；文之隱微，不可見者謂之理：只是一物。約禮只是要此心純是一箇天理。要此心純是天理，須就理之發見處用功。如發見於事親時，就在事親上學存此天理；發見於事君時，就在事君上學存此天理；發見於處富貴貧賤時，就在處富貴貧賤上學存此天理；發見於處患難夷狄時，就在處患難夷狄上學存此天理；至於作止語默，無處不然，隨他發見處，卽就那上面學箇存天理。這便是博學之於文，便是約禮的功夫。『博文』卽是『惟精』，『約禮』卽是『惟一』。」

【译文】

徐爱问：「先生认为博文是约礼的功夫，我想了很久却不明白，请先生简单地给我讲一讲。」

先生说：「礼就是理，理表现出来被人看见就是文，文隐藏看不见则为理，礼和理是同一个东西。约礼就是要使心至纯至精而为天理。要做到这一点，必须在理显现出来的地方下功夫。例如，显现在侍奉双亲时，就在事亲上学习存养天理；显现在侍奉君王时，就在事君上学习存养天理；显现在身处富贵或贫贱时，就要在富贵或贫贱中学习存养天理；显现在身处患难或处夷狄之邦时，就要在患难中或夷狄之邦学习存养天理。至于是行动还是静止，说话还是沉默，无不如此，随时随地都要不忘存养天理。这就是博学之于文，就是约礼的功夫。『博文』就是『惟精』，就是要广泛地在万事万物上学习存养天理的方法，其目的是为了求得至纯至精；『约礼』即是『惟一』，即求得天理的统一与完整，因为天理只有一个。」

【原文】

愛問：「『道心常爲一身之主，而人心每聽命。』以先生精一之訓推之，此語似有弊。」

先生曰：「然。心一也，未雜於人謂之道心，雜以人僞謂之人心。人心之得其正者卽道心，道心之失其正者卽人心：初非有二心也。程子謂人心卽人欲，道心卽天理，語若分析而意實得之。今曰道心爲主而人心聽命，是二心也。天理人欲不並立，安有天理爲主，人欲又從而聽命者？」

【译文】

徐爱问：「朱熹说『道心常为一身之主，而人心每听命。』根据先生对精一之说的解释来推敲，这句话好像有弊病。」

先生说：「对。心只有一个，没有掺杂私欲时称之为道心，掺杂私欲时称之为人心。人心能够达到纯正就是道心，道心失去纯正就成为人心，原来并不是有两个心。程颐先生认为人心就是人的私欲，道心就是天理，这句话似乎把人心和道心一分为二了，但他的意思实际是合一的。而朱熹认为道心是人心的主宰，人心听命于道心，这就成为两个心了。天理、人欲二者不能并存，怎么会有天理为主宰，人欲又听命于天理呢？」

【原文】

愛問文中子、韓退之。

先生曰：「退之文人之雄耳，文中子賢儒也。後人徒以文詞之故，推尊退之，其實退之去文中子遠甚。」

愛問：「何以有擬經之失？」

先生曰：「擬經恐未可盡非。且説後世儒者著述之意，與擬經如何？」

愛曰：「世儒著述，近名之意不無，然期以明道，擬經純若爲名。」

先生曰：「著述以明道，亦何所效法？」

愛曰：「孔子删述《六經》以明道也。」

先生曰：「然則擬經獨非效法孔子乎？」

愛曰：「著述即於道有所發明。擬經似徒擬其迹，恐於道無補。」

先生曰：「子以明道者使其反樸還淳而見諸行事之實乎？抑將美其言辭而徒以譊譊於世也？天下之大亂，由虚文勝而實行衰也。使道明於天下，則《六經》不必述。删述《六經》，孔子不得已也。自伏羲畫卦至於文王、周公，其間言《易》如《連山》、《歸藏》之屬，紛紛籍籍，不知其幾，《易》道大亂。孔子以天下好文之風日盛，知其説之將無紀極，於是取文王、周公之説而贊之，以爲惟此爲得其宗。於是紛紛之説盡廢，而天下之言《易》者始一。《書》、《詩》、《禮》、《樂》、《春秋》皆然。《書》自《典》、《謨》以後，《詩》自《二南》以降，如《九丘》、《八索》，一切淫哇逸蕩之詞，蓋不知其幾千百篇；《禮》、《樂》之名物度數，至是亦不可勝窮。孔子皆删削而述正之，然後其説始廢。如《書》、《詩》、《禮》、《樂》中，孔子何嘗加一語？今之《禮記》諸説，皆後儒附會而成，已非孔子之舊。至於《春秋》，雖稱孔子作之，其實皆魯史舊文。所謂『筆』者，筆其書；所謂『削』者，削其繁：是有減無增。孔子述《六經》，懼繁文之亂天下，惟簡之而不得，使天下務去其文以求其實，非以文教之也。《春秋》以後，繁文益盛，天下益亂。始皇焚書得罪，是出於私意，又不合焚《六經》。若當時志在明道，其

諸反經叛理之説，悉取而焚之，亦正暗合删述之意。自秦、漢以降，文又日盛，若欲盡去之，斷不能去；只宜取法孔子，録其近是者而表章之，則其諸怪悖之説，亦宜漸漸自廢。不知文中子當時擬經之意如何，某切深有取於其事，以爲聖人復起，不能易也。天下所以不治，只因文盛實衰，人出己見，新奇相高，以眩俗取譽。徒以亂天下之聰明，涂天下之耳目，使天下靡然爭務修飾文詞，以求知於世，而不復知有敦本尚實、反樸還淳之行。是皆著述者有以啓之。」

【译文】

徐爱问先生，如何评价王通和韩愈两人。

先生说：「韩愈是文人学士中出类拔萃的人物，王通则是贤明大儒。后人仅仅从文章诗词方面评价，所以十分推崇韩愈，其实韩愈比王通差远了。」

徐爱问：「那么，王通怎么会有仿作经书这种过失呢？」

先生说：「仿作经书恐怕也不能全盘否定。你说，后世的儒生著书立说、阐释经典的意图，与仿作经书有什么不同呢？」

徐爱说：「后世儒生著书讲经，当然有追求名声的私心，但其主要目的是为了阐明圣道，仿作经书则纯粹是为了个人出名。」

先生说：「著书阐述圣道，应该效法谁呢？」

徐爱说：「应效法孔子删改《六经》以阐明圣道。」

先生说：「那么，王通仿作经书就不是效法孔子吗？」

徐爱说：「著书阐述对圣道总会有所发展，仿作经书似乎仅仅是模仿经书，对圣道恐怕没有任何裨益。」

先生说：「你认为阐述圣道，是使天理返璞归真付诸于具体实践呢，还是用华美的言辞哗众取宠呢？天下大乱的原因，就是由于空谈流行而实践缺乏。如果圣道大白于天下，那么，孔子就不必要删述《六经》了。孔子这样做是不得已而为之。自从伏羲氏画八卦，到周文王、周公，这中间阐释《易经》的著述，如《连山》、《归藏》等，多得不计其数，可是《易经》所讲的道理反而变得极其混乱。孔子发现世上喜好文饰的风气日盛一日，知道《易》学将因此被歪曲，就采用文王、周公的学说加以阐述发展，认为这才是《易》道的正宗。从此纷繁芜杂的说法全都被废弃，天下阐述《易经》的论述才统一起来。《书》、《诗》、《礼》、《乐》、《春秋》也都是这样统一的。《书》自《典》、《谟》以后，《诗》从《周南》、《召南》以后，像《九丘》、《八索》等一切浮淫逸荡的词章，多至成百上千篇；《礼》、《乐》中的名物度数也是数不胜数。孔子对这些都进行了严肃的删除阐述，使之重新恢复正道，然后其他乱七八糟的说法才被废止了。像《书》、《诗》、《礼》、《乐》等典籍，孔子删除时何曾增加过一句？现在《礼记》中的许多阐述，大都是后世的儒生附

会而成的，已经不是孔子所删定的原本了。至于《春秋》一书，虽然都说作者是孔子，其实都是鲁国旧史书中的文字。所谓『笔』是指抄录原文，所谓『削』就是删除繁杂：有减而无增。孔子删述《六经》，是害怕繁杂浮逸的文章扰乱天下人心，把《六经》删简到不能再简，使天下人务必抛弃虚浮的文辞而追求经典的实质，而不是用虚逸淫荡的文辞来教化天下。《春秋》以后，各种华而不实的文辞更加流行，天下也就更乱了。秦始皇焚烧经书得罪天下士人，是出于私心，不该把《六经》给焚毁了。如果当时他的目的在于阐明圣道，把那些离经叛道的各种书统统烧毁，那就正好与孔子删改《六经》的用意不谋而合了。自从秦汉以来，文辞虚浮之风又盛行起来，要想根除这种风气是不可能的。只能效仿孔子，选取那些与《六经》的道理接近的加以宣传表彰，那么，其他的异端邪说就会渐渐自行灭绝。我不知道王通当时仿作经书的本意是什么，我真的认为他的做法有可取之处，即使圣人重生，也会这样做。天下没有治理好的原因，就在于浮逸之风盛行而务实之风衰落。人们各出己见，标新立异，争奇求怪，哗众取宠，这只能扰乱世人的思想，蒙蔽世人的耳目，使大家都争着崇尚虚文浮词，以便在社会上出名，而不再知道还有实事求是、返璞归真的做法。这些都是那些阐释经典的人开启的。」

【原文】

愛曰：「著述亦有不可缺者，如《春秋》一經，若無《左傳》，恐亦難曉。」

先生曰：「《春秋》必待《傳》而後明，是歇後謎語矣。聖人何苦爲此艱深隱晦之詞？《左傳》多是魯史舊文，若《春秋》須此而後明，孔子何必削之？」

愛曰：「伊川亦云『《傳》是案，《經》是斷』；如書弒某君，伐某國，若不明其事，恐亦難斷。」

先生曰：「伊川此言，恐亦是相沿世儒之説，未得聖人作經之意。如書『弒君』，即弒君便是罪，何必更問其弒君之詳？征伐當自天子出，書『伐國』，即伐國便是罪，何必更問其伐國之詳？聖人述《六經》，只是要正人心，只是要存天理、去人欲，於存天理、去人欲之事，則嘗言之；或因人請問，各隨分量而説，亦不肯多道，恐人專求之言語，故曰『予欲無言』。若是一切縱人欲、滅天理的事，又安肯詳以示人？是長亂導姦也。故孟子云：『仲尼之門無道桓、文之事者，是以後世無傳焉。』此便是孔門家法。世儒只講得一箇伯者的學問，所以要知得許多陰謀詭計，純是一片功利的心，與聖人作經的意思正相反，如何思量得通？」因歎曰：「此非達天德者，未易與言此也。」

又曰：「孔子云：『吾猶及史之闕文也。』孟子云：『盡信《書》不如無《書》。吾於《武成》取二三策而已。』孔子刪《書》，於唐、虞、夏四五百

年間，不過數篇，豈更無一事？而所述止此，聖人之意可知矣。聖人只是要刪去繁文，後儒卻只要添上。」

【译文】

徐爱说：「著述也是不能少的，如《春秋》一书，如果没有《左传》为其作注，恐怕世人难以通晓。」

先生说：「《春秋》的微言大义如果必须有《左传》才能明晓，那它就成歇后语了。圣人何苦要写这些晦涩难懂的文章呢？《左传》大多是鲁国史书的原文，如果读《春秋》必须参考《左传》一书才能明白，孔子又何必把鲁史删改成《春秋》呢？」

徐爱说：「程颐先生也曾说过『《左传》是案子，《春秋》是对案子的裁定』；比如《春秋》中记载杀害某个国君、征伐某个国家，如果不明白这些事情的经过，恐怕也很难作出判断。」

先生说：「程颐先生这句话，恐怕也是沿用了世俗儒生的说法，没有真正领会圣人写这些经典的本意。如记载『杀国君』，那么杀害国君本身就是犯了大罪，何必要问他杀害国君的详细情况呢？征讨的命令应由天子发出，书中写某些诸侯擅自『讨伐别的国家』，这本身便是犯罪，何必要搞清楚其侵略别国的详情呢？圣人阐述《六经》，只是为了端正人心，只是要存养天理、去除人欲。关于存养天理、去除私欲的事情孔子曾经谈到过，或者是有人请教，就因人因时而宜作些说明，但也不肯多说，害怕人们专门在语言上纠缠而忽略了其学说的本质。因此孔子对子

贡说『我不想说什么』。假如是放纵私欲、泯灭天理之事，圣人又怎么会详细地告诉人们？这样做是教唆和助长人们作奸犯科呀。所以孟子说：『孔子的门生没有记述齐桓公、晋文公的事迹，所以，他们称霸侵伐的事就没有流传后世。』这是孔子这一门派的家法。后世儒生只是探讨研习霸道的学问，所以他们要知道许多阴谋诡计。这纯粹是十分功利的心态，与孔子作《六经》的宗旨正好相反，他们怎么能想通呢？」先生因此感慨万千：「除非是通达天理的人，否则是难以和他们讲这些的。」

先生又说：「孔子说：『我还见到过史书存疑的地方。』孟子说：『完全相信《尚书》，还不如没有《尚书》。我只从《武成》篇中取两三片竹简罢了。』孔子删述《尚书》，对于尧、舜及夏朝四五百年的历史，只不过仅存数篇。这难道是再没有一件事可写吗？孔子传述的仅有这么几篇，他的目的和宗旨可想而知了。圣人只是要删掉烦琐浮逸的文章，后世的儒生却硬要往经中添加这些东西。」

【原文】

愛曰：「聖人作經只是要去人欲、存天理。如五伯以下事，聖人不欲詳以示人，則誠然矣。至如堯、舜以前事，如何略不少見？」

先生曰：「羲、黄之世，其事闊疏，傳之者鮮矣。此亦可以想見其時全是淳龐樸素，略無文采的氣象。此便是太古之治，非後世可及。」

愛曰：「如《三墳》之類，亦有傳者，孔子何以删之？」

先生曰：「縱有傳者，亦於世變漸非所宜。風氣益開，文采日勝，至於周末，雖欲變以夏、商之俗，已不可挽，況唐、虞乎？又況羲、黄之世乎？然其治不同，其道則一。孔子於堯、舜則祖述之，於文、武則憲章之。文、武之法卽是堯、舜之道。但因時致治，其設施政令已自不同。卽夏、商事業，施之於周，已有不合，故周公思兼三王，其有不合，仰而思之，夜以繼日。況太古之治，豈復能行？斯固聖人之所可略也。」

又曰：「專事無爲，不能如三王之因時致治，而必欲行以太古之俗，卽是佛、老的學術。因時致治，不能如三王之一本於道，而以功利之心行之，卽是伯者以下事業。後世儒者許多講來講去，只是講得箇伯術。」

又曰：「唐、虞以上之治，後世不可復也，略之可也；三代以下之治，後世不可法也，削之可也；惟三代之治可行。然而世之論三代者不明其本，而徒事其末，則亦不可復矣！」

【译文】

徐爱说：「孔子作《六经》，只是要去除私欲，存养天理。春秋五霸以后的事，孔子不想详细告诉世人，这自然是应该的。至于像尧舜以前的事情，为何也记载得十分简略呢？」

先生说：「伏羲、黄帝时代久远，事迹磨灭不清，流传下来很少。这也可以想象。那时世风淳朴，没有浮逸虚词、注重形式的风气，这就是太古时的社会状况，不是后世所能比的。」

徐爱说：「像《三坟》一类的书，也有流传下来的，孔子为什么都删掉呢？」

先生说：「即使有传下来的，随着时代的变化，也逐渐不合时宜了。社会风气更加开放，文采日盛往昔，到了周朝末年，想恢复夏商时期的淳朴风俗，已经不可挽回，何况恢复唐尧、虞舜时的世风呢？而太古时代伏羲、黄帝时的风俗就更不用说了，虽然各代治国的具体方法各不相同，但所遵循的天道准则却是一致的。孔子遵从效法尧、舜和周文王、周武王。周文王、周武王实行的制度，也就是尧、舜时的法则。但他们都是因时制宜，所推行的制度政令各自不同。就是把夏、商时的制度政令施行于周代，已经有不合时宜的地方了。所以，周公经过深思熟虑，对大禹、商汤及文王时期的制度兼容并蓄，遇到有不合适的地方，反复琢磨，以至于夜以继日，何况太古时代的典章制度，怎么能行得通呢？这就是孔子删除前代之事的缘故。」

先生又说：「只采取无为而治的政策措施，不能像三王那样因时制宜进行治理，而一定要恢复实行太古时的典章制度，这是佛教和老庄学派宣扬的观点。能因时制宜，但不能像三王那样完全遵循天理，而是以功利的心态来推行，这是春秋五霸以后的做法。后世的儒生们讲来辩去，说了很多，也只是讲了实行霸道之术而已。」

先生又说：「唐尧、虞舜以前的治世，后代不可能恢复，可以删略不记。夏、商、周三代以后的

治理方法，后世不能效仿，可以删简它。只有三代的治国方法可以效法实行。可是现在研究讨论三代的人，不明白三代治世的根本原则，只抓住一些枝节问题，因此，三代之治也不可能恢复了！」

【原文】

愛曰：「先儒論《六經》，以《春秋》爲史。史專記事，恐與《五經》事體終或稍異。」

先生曰：「以事言謂之史，以道言謂之經。事卽道，道卽事。《春秋》亦經，《五經》亦史。《易》是包犧氏之史，《書》是堯、舜以下史，《禮》、《樂》是三代史。其事同，其道同，安有所謂異？」

又曰：「《五經》亦只是史，史以明善惡，示訓戒。善可爲訓者，特存其迹以示法；惡可爲戒者，存其戒而削其事，以杜姦。」

愛曰：「存其迹以示法，亦是存天理之本然；削其事以杜姦，亦是遏人欲於將萌否？」

先生曰：「聖人作經，固無非是此意，然又不必泥著文句。」

愛又問：「惡可爲戒者，存其戒而削其事，以杜姦，何獨於《詩》而不刪鄭、衛？先儒謂『惡者可以懲創人之逸志』，然否？」

先生曰：「《詩》非孔門之舊本矣。孔子云：『放鄭聲，鄭聲淫。』又

曰：『惡鄭聲之亂雅樂也。』『鄭、衛之音，亡國之音也。』此本是孔門家法。孔子所定三百篇，皆所謂雅樂，皆可奏之郊廟，奏之鄉黨，皆所以宣暢和平，涵泳德性，移風易俗，安得有此？是長淫導姦矣。此必秦火之後，世儒附會，以足三百篇之數。蓋淫泆之詞，世俗多所喜傳，如今閭巷皆然。『惡者可以懲創人之逸志』，是求其說而不得，從而爲之辭。」

【译文】

徐爱说：「朱熹论述《六经》，把《春秋》当作史书。史书专门记载具体历史事件，这恐怕与其他《五经》的体例和宗旨稍有不同。」

先生说：「从记事角度来说是史书，从研究阐述天理方面来说是经典。事实就是天理的表现，天理表现为事实。因此，《春秋》也是经书，《五经》也是史书。《易》是伏羲氏时的史书，《尚书》是唐尧、虞舜以后的史书，《礼》、《乐》是夏、商、周三代的史书：它们记载的事实相同，所阐释弘扬的道理也相同，怎么会有所谓的差异呢？」

先生又说：「《五经》也只是史书。史书是用来明辨善恶、总结经验教训的。历史上可以作为典范的善事，特意记录保存其具体的善行，让后世效法。历史上可以作为警戒的恶事，则保存警戒而删去具体的恶行，以杜绝类似的坏事再发生。」

徐爱说：「保存善事让后世效法，也是存养天理的必然；删减劣迹杜绝奸邪，是为了将人

傳習録

的私欲遏制在萌芽状态吗？」

先生说：「孔子作六经，其本意无非就是这样，但是也不必太拘泥于经典中的词句，而是要掌握经典的宗旨。」

徐爱又问：「劣迹可作为教训的，保存其教训而删削具体过程以防范奸邪。为什么不删除《诗经》里《郑风》、《卫风》呢？朱熹先生认为『记录坏事可以惩戒人的贪图安逸的思想』，是吗？」

先生说：「现在的《诗经》已经不是孔子删定的文本了。孔子说：『禁止郑国的音乐，郑国的音乐淫荡浮逸。』孔子又说：『我厌恶郑国的音乐扰乱了纯正典雅的音乐。郑国、卫国的音乐，是亡国的音乐。』这是孔子这一门派的家法。孔子所定的《诗经》三百篇，都是所谓纯正典雅的音乐，都可以在祭祀天地祖先的场所和乡村中演奏，起到宣扬和平、涵养品德、移风易俗的作用，怎么可能会有《郑风》、《卫风》呢？这只会助长淫逸、倡导奸邪呀！这一定是秦始皇焚书后，世俗的儒生穿凿附会，为凑足三百篇而加进去的。大概是淫逸之词，民间多有人喜欢互相传唱，今天的街头巷尾还是这样。朱熹说『记录坏事可以惩戒人的贪图安逸的思想』，这只是无法得到正确解释，不得已才这样说。」

【原文】

徐愛跋

愛因舊説汩没，始聞先生之教，實是駭愕不定，無入頭處。其後聞之既久，漸知反身實踐，然後始信先生之學爲孔門嫡傳，舍是皆傍蹊小徑、斷港絶河矣！如説格物是誠意的工夫，明善是誠身的工夫，窮理是盡性的工夫，道問學是尊德性的工夫，博文是約禮的工夫，惟精是惟一的工夫：諸如此類，始皆落落難合，其後思之既久，不覺手舞足蹈。

【译文】

徐爱因受程朱学说的影响较深，刚开始听到先生的教诲，实在惊愕诧异不知所措，茫然找不到头绪。后来受先生教导时间长了，慢慢知道要回过头来笃行实践，才开始信服先生的学说是孔子一派的真传，其他别的学说都是旁门左道、断港绝河。先生思想中精华很多，比如先生说格物是诚意的工夫，明善是诚身的工夫，穷理是尽性的工夫，道问学是尊德性的工夫，博文是约礼的工夫，惟精是惟一的工夫。诸如此类的思想，起初觉得很难理解，后来学习思考时间长了，不知不觉心领神会，高兴得手舞足蹈。

【原文】

陸澄録

陸澄問：「主一之功，如讀書則一心在讀書上，接客則一心在接客上，可以爲主一乎？」

先生曰：「好色則一心在好色上，好貨則一心在好貨上，可以爲主一

乎？是所謂逐物，非主一也。主一是專主一箇天理。」

【译文】

陆澄问：「专一的功夫，就像读书就一心在读书上，接待客人就一心在接待客人上，这样算是做到主一了吗？」

先生说：「好色就一心一意去好色，喜欢财物就全身心在喜欢财物上，这能叫主一吗？这是追逐物欲，而不是主一。所谓主一是专心致志于天理。」

【原文】

問「立志」。

先生曰：「只念念要存天理，即是立志。能不忘乎此，久則自然心中凝聚，猶道家所謂結聖胎也。此天理之念常存，馴至於美大聖神，亦只從此一念存養擴充去耳。」

【译文】

陆澄向先生询问「立志的问题」。

先生说：「只要念念不忘存养天理，这就是立志。能不忘记这一点，时间长了心自然会凝聚在天理上，好比道家说的结成圣胎。心中时刻不忘天理，渐渐达到精美、弘大、神圣的境界，也就是从这一意念不断保存、弘扬的结果。」

【原文】

「日間工夫，覺紛擾則靜坐，覺懶看書則且看書。是亦因病而藥。」

【译文】

先生说：「白天做工夫，受外界干扰心中很乱就练静坐，懒得看书，那就去看书。这就是对症下药。」

【原文】

「處朋友，務相下則得益，相上則損。」

【译文】

「与朋友相交，一定要相互谦让才会有收获，互相攀比只会招致损失。」

【原文】

孟源有自是好名之病，先生屢責之。一日警責方已，一友自陳日來工夫請正。源從旁曰：「此方是尋著源舊時家當。」

先生曰：「爾病又發。」源色變，議擬欲有所辨。

先生曰：「爾病又發。」因喻之曰：「此是汝一生大病根。譬如方丈地內，種此一大樹，雨露之滋，土脈之力，只滋養得這箇大根；四傍縱要種些嘉穀，上面被此樹葉遮覆，下面被此樹根盤結，如何生長得成？須用

伐去此樹，纖根勿留，方可種植嘉種。不然，任汝耕耘培壅，只是滋養得此根。」

【译文】

孟源有自以为是、爱好虚名的毛病，先生曾多次批评他。一天，先生刚刚批评过他，一位朋友来谈自己近来练功的情况，请先生指正。孟源在旁边插话说：「你这是才捡到我过去的家当。」

先生说：「你的毛病又犯了。」孟源脸色通红，想为自己辩解。

先生说：「你的毛病又犯了。」接着先生又开导他说：「这是你一生最大的毛病。好比方圆一丈的地里种一棵大树，雨露的滋润，土壤的肥力只能滋养这棵大树的根。如果大树周围种上优良的庄稼，上面阳光被大树遮盖，下面被树根盘结缠绕，庄稼怎能长好呢？必须伐去这棵大树，刨净树根，才能种植庄稼。不然，不管你如何耕耘栽培，也只能滋养那个树根。」

【原文】

問：「後世著述之多，恐亦有亂正學。」

先生曰：「人心天理渾然，聖賢筆之書，如寫真傳神，不過示人以形狀大略，使之因此而討求其真耳；其精神意氣言笑動止，固有所不能傳也。後世著述，是又將聖人所畫，摹仿謄寫，而妄自分析加增，以逞其技，其失真愈遠矣。」

【译文】

陆澄问：「后世著述汗牛充栋，恐怕也会扰乱正宗的儒学。」

先生说：「人心天理浑然一体，圣人们把天理写在书上，就像给人画像，其目的不过是给人一个基本的轮廓，使人据以探求画像的本人。至于人的风格精神、言谈举止确实有一些难以表达出来。后世的许多著述，又像是对圣人所画的像进行模仿抄写，并且狂妄地按自己的理解添加增益，以炫耀自己的才能技艺，这样离圣人所要传达的精神实质就越来越远了。」

【原文】

問：「聖人應變不窮，莫亦是預先講求否？」

先生曰：「如何講求得許多？聖人之心如明鏡，只是一箇明，則隨感而應，無物不照；未有已往之形尚在，未照之形先具者。若後世所講，卻是如此，是以與聖人之學大背。周公制禮作樂以示天下，皆聖人所能爲，堯、舜何不盡爲之而待於周公？孔子删述《六經》以詔萬世，亦聖人所能爲，周公何不先爲之而有待於孔子？是知聖人遇此時，方有此事。只怕鏡不明，不怕物來不能照。講求事變，亦是照時事，然學者卻須先有箇明的工夫。學者惟患此心之未能明，不患事變之不能盡。」

曰："然則所謂『沖漠無朕而萬象森然已具者』，其言何如？"

曰："是說本自好，只不善看，亦便有病痛。"

【译文】

陆澄问："圣人能根据情况随机应变而无穷尽，莫非他们是预先研究做好了准备？"

先生说："怎么可能研究准备那么多呢？圣人的心就像是一面镜子，关键是它很明亮，能够随着感触而应对，没有什么东西照不到的。不可能先前所照的物像还在镜子上，没有照的东西的影像已经预先出现在镜子上。按后人的说法恰恰就是这样，这与圣人的思想学说相去太远了。周公制作礼仪音乐以教化世人，这是圣人们都可以做到，尧、舜为什么不做而要等到周代让周公做呢？孔子删述《六经》教化万世，这个工作别的圣人也能做，周公为什么不先做而要等孔子呢？这说明圣人处于特定的时代，才会有这特定的事情。探索时事的发展变化，也就是用镜子照时事。因此，只怕镜子不明，而不怕它不能照见所遇到的事物。学者只担心自己的心不能明亮如镜，而不必担心明镜一样的心不能穷尽事物的变化发展。"

陆澄说："那么程颐先生所谓的『宇宙间混沌无物的时候，万事万物的道理却已经存在了』，这句话该如何理解呢？"

先生说："这句话本身没错，只是人们没有正确理解，也就有了毛病。"

【原文】

"義理無定在，無窮盡。吾與子言，不可以少有所得而遂謂止此也；再言之，十年、二十年、五十年，未有止也。"

他日又曰："聖如堯、舜，然堯、舜之上，善無盡；惡如桀、紂，然桀、紂之下，惡無盡。使桀、紂未死，惡寧止此乎？使善有盡時，文王何以『望道而未之見』？"

【译文】

"天理没有固定不变的处所，广大而没有穷尽。我跟你讲论学问，你不能稍有领悟就觉得不过如此，即使再给你讲十年、二十年、五十年，也没有止境。"

一天，先生又说："尧、舜已经够圣明了，但在尧、舜之上，善也没有穷尽；桀、纣也够可恶了，但在桀、纣之下，恶也没有穷尽。假使桀、纣不死，残恶难道到他们这儿就为止了吗？假使善有穷尽，那么，周文王怎么会『不懈地追求天理却好像从未见过呢』？"

【原文】

問："靜時亦覺意思好，才遇事便不同，如何？"

先生曰："是徒知靜養而不用克己工夫也。如此，臨事，便要傾倒。人須在事上磨，方立得住；方能靜亦定、動亦定。"

【译文】

陆澄问：「静守的时候也觉得某种想法很好，可一遇到事却又不能按那种想法去做，这是怎么回事？」

先生说：「这是因为只知道静坐修炼，而不知道努力下克制私欲的功夫。这样，一到事上，那些想法就不管用了，又回到修炼之前的状态。人必须在具体事上磨炼自己，才能站得稳，才能做到静止时能守持天理，行动时也能守持天理。」

【原文】

問「上達工夫」。

先生曰：「後儒教人，才涉精微，便謂上達未當學，且說下學，是分下學、上達爲二也。夫目可得見，耳可得聞，口可得言，心可得思者，皆下學也；目不可得見，耳不可得聞，口不可得言，心不可得思者，上達也。如木之栽培灌溉，是下學也；至於日夜之所息，條達暢茂，乃是上達，人安能預其力哉？故凡可用功可告語者皆下學，上達只在下學里。凡聖人所說，雖極精微，俱是下學。學者只從下學里用功，自然上達去，不必別尋箇上達的工夫。」

【译文】

陆澄向先生请教参悟天理的「上达功夫」。

先生说：「后世儒生教人，刚涉及到精微细致的地方，就说这是上达的学问，还不到学的时候，便去讲下学的简单学问。这是人为地把上达和下学分开。眼睛可以看见，耳朵可以听见，嘴里可以说出的，心里可以想到的，都是下学；眼睛看不见，耳朵听不到，语言表达不出来，心中想不出的，才是上达。比如种树，栽培、灌溉属于下学；至于树木日夜生长、枝叶繁茂才是上达，人怎么能干预呢？所以，凡是可以用功，可以言说的都是下学，上达就包含在下学中。凡是圣人所谈到的，虽然十分精微奇妙，也都是下学。学者只要在下学上用功，自然能够上达，不必另外寻求上达的工夫。」

【原文】

問：「『惟精惟一』是如何用功？」

先生曰：「惟一是惟精主意，惟精是惟一功夫，非惟精之外復有惟一也。精字從米，姑以米譬之：要得此米純然潔白，便是惟一意；然非加舂、簸、篩、揀惟精之工，則不能純然潔白也。舂、簸、篩、揀是惟精之功，然亦不過要此米到純然潔白而已。博學、審問、慎思、明辨、篤行者，皆所以爲惟精而求惟一也。他如博文者即約禮之功；格物致知者，即誠意之

功；道問學即尊德性之功；明善即誠身之功：無二說也。」

【译文】

陆澄问："如何做『惟精惟一』的功夫？"

先生说："惟一是惟精的目的，惟精是惟一的功夫，并不是在惟精之外又有个惟一。精字是米字旁，姑且用米来打个比喻：要使大米纯净洁白，就是惟一的意思；然而，如果不对稻子进行舂、簸、筛、拣，大米就不可能纯净洁白。舂、簸、筛、拣是惟精的功夫，这也不过是让大米纯净洁白罢了。博学、审问、慎思、明辨、笃行等，都是惟精的功夫，其目的是为了求得惟一。其他的如博文是约礼的功夫；格物致知是诚意的功夫；道问学是尊德性的功夫；明善是诚身的功夫：道理都是一样的。"

【原文】

「知者行之始，行者知之成：聖學只一個功夫，知行不可分作兩事。」

【译文】

先生说："认识是实践的开始，实践是认识的结果：圣人的学说只有一个功夫，认识和实践是统一的，不能截然分开。"

【原文】

漆彫開曰：『吾斯之未能信。』夫子説之。子路使子羔爲費宰，子曰：『賊夫人之子。』曾點言志，夫子許之。聖人之意可見矣。」

【译文】

先生说："孔子的学生漆雕开说：『我对做官还没有自信。』孔子听了后很高兴。子路让子羔当费邑的地方官，孔子说：『这是危害别人的孩子。』曾点向孔子谈了自己的理想，孔子很欣赏。孔子的心意由此可见。"

【原文】

問：「寧靜存心時，可爲未發之中否？」

先生曰：「今人存心，只定得氣。當其寧靜時，亦只是氣寧靜，不可以爲未發之中。」

曰：「未便是中，莫亦是求中功夫？」

曰：「只要去人欲、存天理，方是功夫。靜時念念去人欲、存天理，動時念念去人欲、存天理，不管寧靜不寧靜。若靠那寧靜，不惟漸有喜靜厭動之弊，中間許多病痛只有潛伏在，終不能絶去，遇事依舊滋長。以循理爲主，何嘗不寧靜？以寧靜爲主，未必能循理。」

【译文】

陆澄问："宁静时存养心神，这算不算是未发之中呢？"

先生説："現在的人存养心神，也只是能控制着气，当他平静时，也只是气的平静，不能认为是未发之中。"

陆澄说："未发出来便是中，这难道不也是求中的功夫吗？"

先生说："只有抛弃私欲、存养天理才是功夫。宁静时念念不忘去私欲、存养天理，行动时也时时不忘去私欲、存养天理，没必要在意是宁静还是不宁静。如果只靠在宁静时作存养天理的功夫，不但逐渐有喜欢宁静厌恶活动的弊病，中间还有许多毛病潜伏在心里，不能彻底根除，一遇到具体事情便又潜滋暗长。只要以遵循天理为主，心里怎么会不宁静？若以追求宁静为主，却未必能遵循天理。"

【原文】

問："孔門言志：由、求任政事，公西赤任禮樂，多少實用。及曾皙説來，卻似耍的事，聖人卻許他，是意何如？"

曰："三子是有意必，有意必便偏著一邊，能此未必能彼；曾點這意思卻無意必，便是『素其位而行，不願乎其外』，『素夷狄行乎夷狄，素患難行乎患難，無入而不自得』矣。三子所謂『汝器也』，曾點便有不器意。然三子之才，各卓然成章，非若世之空言無實者，故夫子亦皆許之。"

【译文】

陆澄问："孔子的弟子谈志向：子路、冉求想从政，公西赤想从事礼乐，多少都还有实际价值。曾皙所说却像是耍着玩的，孔子却很赞赏他，这是为什么？"

先生说："其他三个人的志向都有些主观猜测、武断绝对，有了这两种倾向，就会执著于一个方面，能做这而未必能做那。曾皙的志向中没有这两种倾向，这就是『顺其自然行事，不做超出条件的事』，『身处夷狄，就做在夷狄能行之事；身处患难之中，就做在患难中能行之事，因时因地制宜，无论什么情况下都怡然自得』。其他三人是孔子所说的那种『有某种才能的人』，曾皙是孔子所说的那种通才。不过，其他三人也各有自己的突出才能，不是世上只会空谈而无实际本领的人，所以孔子也都称赞他们。"

【原文】

問："知識不長進，如何？"

先生曰："爲學須有本原，須從本原上用力，漸漸盈科而進。仙家説嬰兒，亦善譬。嬰兒在母腹時，只是純氣，有何知識？出胎後，方始能啼，既而後能笑，又既而後能識認其父母兄弟，又既而後能立能行、能持能負，卒乃天下之事無不可能：皆是精氣日足，則筋力日彊，聰明日開，不是出胎日便講求推尋得來。故須有箇本原。聖人到位天地，育萬物，也只從喜

怒哀樂未發之中上養來。後儒不明格物之説，見聖人無不知無不能，便欲於初下手時講求得盡，豈有此理？」

又曰：「立志用功，如種樹然。方其根芽，猶未有幹；及其有幹，尚未有枝。枝而後葉，葉而後花實。初種根時，只管栽培灌溉，勿作枝想，勿作葉想，勿作花想，勿作實想。懸想何益！但不忘栽培之功，怕没有枝葉花實？」

【译文】

陆澄问：「学问没有进步，该怎么办？」

先生说：「做学问必须有根本，必须从根本上下功夫，循序渐进，才能有长进。道家用婴儿作比喻，非常精辟。婴儿在母腹中时，只是一团气，有什么知识？出生后，才能哭，随后又会笑，能认识父母兄弟，再后来又渐渐能站立行走，能拿能背，最后世上的各种事就都会做了。这是因为婴儿的精气越来越充足，筋骨力气越来越强健，聪明才智也日益增长。而不是一出生就能认识万物，无所不能，所以必须有个根本。圣人能让天地各安其位，让万物依本性生长，也是从喜怒哀乐各种情欲未发之中一步步培养成的。后世的儒生不明白格物的学问，看到圣人无所不知、无所不能，就想在一开始把所有学问全部掌握，哪有这样的道理？」

先生又说：「立志下功夫做学问，就像种树一样。当它刚刚生根发芽时，还没有树干；当树干长出来后，还没有枝条。长出枝条后才能生出树叶，有叶后才会开花、结果。刚刚生根时，只管培土灌溉，不要想着发枝、长叶、开花、结实。空想有什么用！只要不忘记培土灌溉，还怕没有枝、叶、花、果？」

【原文】

問：「看書不能明如何？」

先生曰：「此只是在文義上穿求，故不明如此。又不如爲舊時學問。他到看得多解得去。只是他爲學雖極解得明曉，亦終身無得。須於心體上用功，凡明不得，行不去，須反在自心上體當卽可通。蓋《四書》、《五經》不過説這心體，這心體卽所謂道。心體明卽是道明，更無二。此是爲學頭腦處。」

【译文】

陆澄问：「读书不明白其含义该怎么办？」

先生说：「这是仅仅在字面意思上探求，所以不明白这样。还不如专做以前的学问，看得遍数多，自然会理解。不过，他们虽然把意思弄得十分清楚，终究还是一生无所收获。读书做学问必须在心体上下功夫，凡是不明白、行不通的地方，都要反过来在自己心中反复体会，这样就会明白。《四书》、《五经》不过就是阐述心体，心体也就是天理，心体明亮就是天理昌明，再没有

别的什么。这才是读书做学问的关键所在。」

【原文】

「虛靈不昧，衆理具而萬事出。心外無理，心外無事。」

或問：「晦庵先生曰：『人之所以爲學者，心與理而已。』此語如何？」

曰：「心卽性，性卽理，下一『與』字，恐未免爲二。此在學者善觀。」

或曰：「人皆有是心。心卽理，何以有爲善，有爲不善？」

先生曰：「惡人之心，失其本體。」

【译文】

「让心空灵而不糊涂，各种道理存于心中，万事万物就会呈现出来。在人本心外没有什么天理，离开了人的本心，也就没有什么事物。」

有人问：「朱熹先生说：『人之所以做学问，不过是心和理罢了。』这话对吗？」

先生说：「心就是性，性就是天理，心、理之间的一个『与』字，恐怕难免把心与理一分为二，这需要求学的人善于观察体会。」

有人说：「人都有心，心就是天理，可为什么有的行善，有的作恶呢？」

先生说：「这是因为恶人的心失去了心的本体。」

【原文】

問：「『析之有以極其精而不亂，然後合之有以盡其大而無餘』，此言如何？」

先生曰：「恐亦未盡。此理豈容分析？又何須湊合得？聖人說精一，自是盡。」

「省察是有事時存養，存養是無事時省察。」

【译文】

陆澄问：「朱熹说『分析可以使天理显得非常精确而不混乱，然后加以综合使其广大丰富而无所不包』，这话对吗？」

先生说：「恐怕不准确。天理怎么可能逐条分析？又怎么能综合成一个整体呢？它本身就是统一圆满的。圣人说至精至纯，已经把天理说尽了。」

先生说：「省察是有事时存养天理，存养是无事时反省体察天理。」

【原文】

澄嘗問象山在人情事變上做工夫之說。

先生曰：「除了人情事變，則無事矣。喜怒哀樂非人情乎？自視聽言動以至富貴貧賤患難死生，皆事變也。事變亦只在人情里，其要只在致

中和，致中和只在謹獨。」

【译文】

陆澄曾经向先生请教陆九渊在人情事变上下工夫的学说。

先生说：「世上除了人情事变，再无其他事了。喜怒哀乐难道不是人情吗？从看听说做到富贵贫贱患难生死都是事变。所有的事变都体现在人情里，关键是要保持中正平和的心态，要做到中正平和关键在于慎独。」

【原文】

澄問：「仁、義、禮、智之名，因已發而有？」

曰：「然。」

他日，澄曰：「惻隱、羞惡、辭讓、是非，是性之表德邪？」

曰：「仁、義、禮、智，也是表德。性一而已：自其形體也謂之天，主宰也謂之帝，流行也謂之命，賦於人也謂之性，主於身也謂之心；心之發也，遇父便謂之孝，遇君便謂之忠，自此以往，名至於無窮，只一性而已。猶人一而已：對父謂之子，對子謂之父，自此以往，至於無窮，只一人而已。人只要在性上用功，看得一性字分明，即萬理燦然。」

【译文】

陆澄问：「仁、义、礼、智的名称，是不是人的感情发出来以后才有的？」

先生说：「是。」

又一天，陆澄问：「恻隐、羞恶、辞让、是非这四种情感是心性的别名吗？」

先生说：「仁、义、礼、智也同样是心性的别称。心性只有一个：从它的外在形式而言叫做天，从它主宰万事万物而言叫做帝，从其发展变化来看叫做命，这些赋予人时叫做性，从其主宰、支配人的身体而言叫做心。心性发挥出来，表现在对父亲上叫做孝，表现在对君王上就叫忠。以此类推，名称多达无数，但也只是一个心性而已：就好比一个人，对父亲来说是儿子，对儿子来说是父亲，以此类推，对一个人的称呼也无穷尽，但也还只是这一个人。所以，人只要在心性上下功夫，一旦悟透心性，那么，则一切道理都明白了。」

【原文】

一日，論爲學工夫。

先生曰：「教人爲學，不可執一偏。初學時心猿意馬，拴縛不定，其所思慮多是人欲一邊，故且教之靜坐，息思慮。久之，俟其心意稍定，只懸空靜守如槁木死灰，亦無用，須教他省察克治。省察克治之功，則無時而可間，如去盜賊，須有箇掃除廓清之意。無事時將好色、好貨、好名等私逐

一追究，搜尋出來，定要拔出病根，永不復起，方始爲快。常如猫之捕鼠，一眼看著，一耳聽著，才有一念萌動，卽與克去，斬釘截鐵，不可姑容與他方便，不可窩藏，不可放他出路，方是真實用功，方能掃除廓清。到得無私可克，自有端拱時在。雖曰何思何慮，非初學時事。初學必須思省察克治，卽是思誠，只思一箇天理。到得天理純全，便是何思何慮矣。」

【译文】

一天，大家讨论做学问的功夫。

先生说：「教人学问，不能偏执于一个方面。人在刚开始学习时心不在焉，不能集中精力，他所考虑的多是个人私欲。所以，要先教他静坐，平息私心杂念。过了一段时间，等他心态稍微平和之后，还一味让他静坐，以至于身如槁木、心如死灰，没有什么作用。这时应教他反省体察克制私欲的功夫。这种功夫任何时候都不能中断，就像铲除盗贼，必须有彻底扫清的决心。没事时，将好色、贪财、求名等私欲一一搜寻出来，一定要连根清除，使其永不复生，方才感到快意。好比猫捉老鼠，一边眼睛紧盯着，一边耳朵细听着，刚刚有私念产生，马上就把它摒弃，态度坚决，斩钉截铁，不能姑息迁就给它提供一丝方便，更不能窝藏它、网开一面让它逃走，这才是真正下功夫摒除私念，也才能真正扫清心中的一切私欲。等到心中无私欲可除，自然可以端坐拱手轻轻松松。虽说也是什么也不想，却不是初学者所能做到的。初学时必须反省体察克制私欲，也就是想如何诚意，只想着一个天理，等到心中天理纯净圆满，就达到无思无虑的境界了。」

【原文】

澄問：「有人夜怕鬼者，奈何？」

先生曰：「只是平日不能集義而心有所慊，故怕。若素行合於神明，何怕之有？」

子莘曰：「正直之鬼，不須怕；恐邪鬼不管人善惡，故未免怕。」

先生曰：「豈有邪鬼能迷正人乎？只此一怕，卽是心邪，故有迷之者，非鬼迷也，心自迷耳。如人好色，卽是色鬼迷；好貨，卽是貨鬼迷；怒所不當怒，是怒鬼迷；懼所不當懼，是懼鬼迷也。」

【译文】

陆澄问：「有人晚上怕鬼，怎么办？」

先生说：「只因为平时不能积累善德，心中有所愧疚，所以怕鬼。如果平时行事合乎神明，有什么好怕的？」

马明衡说：「正直的鬼，当然不用怕；怕的是恶鬼，它不管好人坏人都会伤害，所以难免有些害怕。」

先生说：「哪有恶鬼能迷惑正直的人？仅仅这一怕就说明人心不正。之所以有被鬼迷惑

的，不是鬼迷惑人，而是人心自己迷惑。比如，人喜好美色就是被色鬼所迷，贪财就是被贪财鬼所迷，不该发怒时发怒是被怒鬼所迷；害怕不应该害怕的是被怕鬼所迷。」

【原文】

「定者，心之本體，天理也，動靜所遇之時也。」

【译文】

先生说：「恒定平静是心的本体，也就是天理，动静变化只是它在不同时间、不同环境里的表现。」

【原文】

澄問《學》、《庸》同異。

先生曰：「子思括《大學》一書之義，爲《中庸》首章。」

【译文】

陆澄问《大学》、《中庸》两书的异同。

先生说：「子思总结概括《大学》一书的主旨，写了《中庸》的第一章。」

【原文】

問：「孔子正名，先儒説『上告天子，下告方伯，廢輒立郢』。此意如何？」

先生曰：「恐難如此。豈有一人致敬盡禮待我而爲政，我就先去廢他，豈人情天理？孔子既肯與輒爲政，必已是他能傾心委國而聽。聖人盛德至誠，必已感化衛輒，使知無父之不可以爲人，必將痛哭奔走，往迎其父。父子之愛，本於天性，輒能悔痛真切如此，蒯聵豈不感動底豫？蒯聵既還，輒乃致國請戮。聵已見化於子，又有夫子至誠調和其間，當亦决不肯受，仍以命輒。羣臣百姓又必欲得輒爲君。輒乃自暴其罪惡，請於天子，告於方伯諸侯，而必欲致國於父。聵與羣臣百姓亦皆表輒悔悟仁孝之美，請於天子，告於方伯諸侯，必欲得輒而爲之君。於是集命於輒，使之復君衛國。輒不得已，乃如後世上皇故事，率羣臣百姓尊聵爲太公，備物致養，而始退復其位焉。則君君、臣臣、父父、子子，名正言順，一舉而可爲政於天下矣！孔子正名，或是如此。」

【译文】

陆澄问：「孔子主张端正名分，朱熹说孔子是『要对上报告天子，对下告诉诸侯，废除公子辄而拥立公子郢』。这样解释对吗？」

先生说：「恐怕不能这样吧？哪有一个人待我恭敬有礼，要我帮助治理国家，而我却先要废除他，这难道符合天理人情？孔子既然肯帮辄为政，一定是辄愿意把国家委托于孔子，倾心

听从指教。孔子的品德高尚，心灵至诚，必定已经感化了卫辄，使他明白不孝顺父亲就不能做一个真正的人。因此，卫辄定会痛哭失声，亲自去把父亲接回来。父子之爱是出自人的天性，卫辄能真悔悟，蒯聩怎能不被彻底感动？蒯聩回来后，卫辄将国家交给父亲，并请求杀头以谢罪。蒯聩已被儿子的行为所感化，又有孔子在中间真诚调解，蒯聩肯定不会接受管理国家的重任，仍然让卫辄治理国家。大臣和老百姓也一定要卫辄继续担任国君。卫辄公布自己的罪行，请示天子，并向诸侯们通报，一定要把国政交还给父亲。蒯聩和大臣百姓们都十分赞赏卫辄忏悔和仁孝的美德，也请示天子，并通告诸侯，一定要让卫辄继续当他们的国君。于是，上上下下一致要求卫辄继续担任卫国国君。卫辄万般无奈，像后世帝王那样，率领大臣和全国百姓尊奉父亲为太上皇，使其养尊处优。然后，卫辄才重新做了卫国的国君。这样国君、大臣、父亲、儿子各守自己的身份，名正言顺，就可以治理好天下了。孔子端正名分，或许就是这样吧。」

【原文】

澄在鴻臚寺倉居，忽家信至，言兒病危，澄心甚憂悶不能堪。

先生曰：「此時正宜用功。若此時放過，閑時講學何用？人正要在此等時磨煉。父之愛子，自是至情。然天理亦自有箇中和處，過卽是私意。人於此處多認做天理當憂，則一向憂苦，不知已是有所憂患，不得其正。大抵七情所感，多只是過，少不及者。才過便非心之本體，必須調停適中始得。就如父母之喪，人子豈不欲一哭便死，方快於心？然卻曰『毀不滅性』，非聖人彊制之也，天理本體自有分限，不可過也。人但要識得心體，自然增減分毫不得。」

【译文】

陆澄跟随先生在南京鸿胪寺居住，突然收到家信，说儿子病危。陆澄心里又急又忧，难以承受这个打击。

先生说：「这时正应该在身心修养上下功夫，如果放过这个机会，平时讲学又有什么用？人就是要在关键时刻磨炼身心。父亲爱儿子是最深切的感情，但是天理也要中正适度，超过这个度就是私欲。人在这时多认为按照天理就该忧虑，于是就一味愁苦，不明白自己已经过度愁苦以至于不能保持心态中正平和。一般来说，七情六欲一旦发作，往往过分的多，不足的少。然而，有一点过分就不是本心，必须进行调节使之适中。比如父母过世，儿子哪有不想一下子哭死才能化解心中痛苦的？然而圣人说过『孝子哀伤不能伤害性命』。这不是圣人要强人所难，天理本身就有限度，凡事不可太过分。人一旦认识了心体，自然就会明白丝毫不能增减。」

【原文】

「不可謂未發之中，常人俱有。蓋體用一源，有是體卽有是用，有未發之中，卽有發而皆中節之和。今人未能有發而皆中節之和，須知是他未發

之中亦未能全得。」

【译文】

先生说：「不能说常人都能保持情感未发时的中正状态。因为本体和应用是统一的，有什么样的体就有什么样的用。有情感未发时的中正，就有情感发出来符合分寸的平和。现在的人没能做到情感发出来符合分寸的平和，可知是因为他情感未发时的中正还没有完全做到。」

【原文】

「《易》之辭，是『初九，潛龍勿用』六字；《易》之象，是初畫；《易》之變，是值其畫；《易》之占，是用其辭。」

【译文】

先生说：「《易经》乾卦的初爻爻辞是『初九，潜龙勿用』，其卦象是指初九爻，其变化是出现新爻，《易经》的占卜用的是卦辞和爻辞。」

【原文】

「夜氣，是就常人說。學者能用功，則日間有事無事，皆是此氣翕聚發生處。聖人則不消說夜氣。」

【译文】

先生说：「存养夜气是对普通人而言。学者能在本心修养上下功夫，不管白天有事还是无事，心中都有清明平和之气聚合散发。圣人则根本不用讲究夜气。」

【原文】

澄問「操存舍亡」章。

曰：「『出入無時，莫知其鄉。』此雖就常人心說，學者亦須是知得心之本體亦元是如此，則操存功夫，始沒病痛。不可便謂出爲亡，入爲存。若論本體，元是無出入的。若論出入，則其思慮運用是出。然主宰常昭昭在此，何出之有？既無所出，何入之有？程子所謂腔子，亦只是天理而已。雖終日應酬而不出天理，即是在腔子里。若出天理，斯謂之放，斯謂之亡。」

又曰：「出入亦只是動靜，動靜無端，豈有鄉邪？」

【译文】

陆澄向先生请教《孟子》中「操存舍亡」一章。

先生说：「『善心的出和入没有规律，不知道它朝什么方向去』。这虽然是对普通人的心而言，学者也应该明白心的本体原本如此，那么，保存的功夫才不会有毛病。不能随便说出就为亡，入就为存。若是论及心的本体，原本是无所谓出入的；若是论及出入，则人的思考运用是出，但是人的主宰明明就在心里，哪有什么出？既然没有出，又哪有入呢？程颐所说的心腔，

只不过就是天理。虽然一天到晚应酬不停，也不会超出天理，就是在心腔里。假使它超出了天理，就叫做放，就叫做亡。」

先生又说：「本心的离开或回归只是运动、静止而已，动静无常，怎么会有方向呢？」

【原文】

王嘉秀問：「佛以出離生死誘人入道，仙以長生久視誘人入道，其心亦不是要人做不好，究其極至，亦是見得聖人上一截，然非入道正路。如今仕者有由科，有由貢，有由傳奉，一般做到大官，畢竟非入仕正路，君子不由也。仙、佛到極處，與儒者略同，但有了上一截，遺了下一截，終不似聖人之全；然其上一截同者，不可誣也。後世儒者，又只得聖人下一截，分裂失真，流而爲記誦詞章，功利訓詁，亦卒不免爲異端。是四家者終身勞苦，於身心無分毫益。視彼仙、佛之徒，清心寡欲，超然於世累之外者，反若有所不及矣。今學者不必先排仙、佛，且當篤志爲聖人之學。聖人之學明，則仙、佛自泯。不然，則此之所學，恐彼或有不屑，而反欲其俯就，不亦難乎？鄙見如此，先生以爲何如？」

先生曰：「所論大略亦是。但謂上一截，下一截，亦是人見偏了如此。若論聖人大中至正之道，徹上徹下，只是一貫，更有甚上一截，下一截？『一陰一陽之謂道』，但仁者見之便謂之仁，智者見之便謂之智，百姓又日用而不知，故君子之道鮮矣。仁智豈可不謂之道？但見得偏了，便有弊病。」

【译文】

王嘉秀问：「佛家用超脱生死轮回来诱人信佛，道家以长生不老来劝人修道，他们的本心也不是要人做坏事。从根本上说，他们也是看到了圣学的上一截，但这不是获得天理的正路。就好比现在做官的人，有的通过科举考试，有的通过举荐，有的则继承先辈爵位，同样做了大官。但如果走的不是做官的正道，正人君子是不愿的。修道、信佛到最高境界，跟儒家也差不多。但他们只看到了上一截，丢了下一截，终究不像圣道全面完整。但是佛、道看到的上一截与儒的上一截相同，这不能否认。后世的儒生，又只得到圣学的下一截，分割了圣学的完整，丧失了圣学的真谛，圣学遂沦落为记诵、词章、功利、训诂的学问，最终也难免蜕变为异端邪说。记诵、词章、功利、训诂四派的人，一生劳累辛苦，对身心却毫无益处，再看修道、信佛的人，清心寡欲，超然于世俗纷争劳苦之外，自己反倒不如人家。现在的学者们不必先盲目排斥佛、道，而应专心致志于圣人的学说。圣学发扬光大，佛、道两派自然就会消亡。如若不然，儒生们所学的东西，佛、道两家不屑一顾，却想使佛、道两家俯首称臣，不是很难吗？这是我的浅见，先生你认为怎么样呀？」

先生说：「你的看法大体上对。但你说的上一截、下一截，也是一般人的片面认识。圣道

广大中正，通天彻地，完美无缺，哪有什么上一截、下一截？《易经》说『阴阳的统一就是天理』，但是仁者见仁，智者见智，百姓又对日常生活中的道视而不见，所以君子遵循的天理很少有人明白。仁慈、智慧难道不是道吗？但片面理解便会有弊病。」

【原文】

「蓍固是《易》，龜亦是《易》。」

【译文】

先生说：「用蓍草占卜是《易经》，用龟甲占卜也是《易经》。」

【原文】

問：「孔子謂武王未盡善，恐亦有不滿意。」

先生曰：「在武王自合如此。」

曰：「使文王未没，畢竟如何？」

曰：「文王在時，天下三分已有其二。若到武王伐商之時，文王若在，或者不致興兵，必然這一分亦來歸了。文王只善處紂，使不得縱惡而已。」

【译文】

陆澄问：「孔子说周武王还没有达到尽善，恐怕是孔子对武王的行为有所不满。」

先生说：「周武王自然只能通过武力夺取天下。」

又问：「假如文王没死，那又会怎么样呢？」

先生说：「文王死前，西周已拥有天下的三分之二。如果武王讨伐商纣时文王还在，可能不需要动武，剩下的一份也会归顺。文王只要妥善处置商纣王，使他不能放纵作恶就是了，而不会像武王那样兴兵讨伐。」

【原文】

問孟子言「執中無權猶執一」。

先生曰：「中只是天理，只是易，隨時變易，如何執得？須是因時制宜，難預先定一箇規矩在。如後世儒者要將道理一一説得無罅漏，立定箇格式，此正是執一。」

【译文】

请教孟子说「执中无权犹执一」的含义。

先生说：「中庸就是天理，就是易。要因时而变，怎么能固执不变呢？必须因时制宜，很难事先确定一个标准。后世的儒生想把各种道理阐述得完美无缺，确立个固定的模式，这恰恰是一种偏执。」

【原文】

唐詡問：「立志是常存箇善念，要爲善去惡否？」

曰：「善念存時，卽是天理。此念卽善，更思何善？此念非惡，更去何惡？此念如樹之根芽，立志者長立此善念而已。『從心所欲，不逾矩』，只是志到熟處。」

【译文】

唐诩问：「立志就是在心中长存善念，就是要行善去恶吗？」

先生说：「善念存在心中时，就是天理。这个念头就是善，还想什么善呢？这个念头不是恶，还要去什么恶呢？这个意念像树的根和芽，立志的人，永远确立这个善念就是了。孔子说。『从心所欲不逾矩』，只因为立志修行已十分纯熟。」

【原文】

「精神、道德、言動，大率收斂爲主，發散是不得已。天、地、人、物皆然。」

【译文】

先生说：「精神、道德、语言、行动，一般以内敛为主，向外发散是非常情况下的表现。天、地、人、物都是这样。」

【原文】

問：「文中子是如何人？」

先生曰：「文中子庶幾具體而微，惜其蚤死！」

問：「如何卻有續經之非？」

曰：「續經亦未可盡非。」

請問。

良久曰：「更覺良工心獨苦。」

【译文】

陆澄问：「文中子是什么样的人？」

先生说：「文中子几乎已具备圣人的许多素质，只是气度规模还有所欠缺，可惜死得太早。」

问：「可是他怎么会做出伪造经典这种不妥的事呢？」

先生说：「他这样做也不全是错。」

陆澄问先生原因。

先生过了好一会儿才说：「我更体会到良工心独苦这句话的意思了。」

【原文】

「許魯齋謂儒者以治生爲先之説，亦誤人。」

【译文】

先生说：「许鲁斋认为儒生以谋生为第一要务的说法，误人子弟。」

【原文】

問仙家元氣、元神、元精。

先生曰：「只是一件：流行爲氣，凝聚爲精，妙用爲神。」

【译文】

陆澄请教道家所说的元气、元神、元精。

先生说：「这三者是同一个事物：其运行则为元气，聚集起来则为元精，精妙运用则为元神。」

【原文】

「喜、怒、哀、樂，本體自是中和的。才自家着些意思，便過不及，便是私。」

【译文】

先生说：「喜怒哀乐的情感，就生发它们的本体来说是中正平和的。只是人本身有别的意念，才会过度或不足，就成私欲了。」

【原文】

問「哭則不歌」。

先生曰：「聖人心體自然如此。」

【译文】

陆澄问「哭过就不再歌」的含义。

先生说：「圣人本心就是这样。」

【原文】

「克己須要掃除廓清，一毫不存方是。有一毫在，則衆惡相引而來。」

【译文】

先生说：「克制自己的私欲一定要完全彻底，一丝不留才对；有一点私念在，众多的恶行就会跟着而来。」

【原文】

問《律吕新書》。

先生曰：「學者當務爲急，算得此數熟，亦恐未有用，必須心中先具禮樂之本方可。且如其書説多用管以候氣，然至冬至那一刻時，管灰之飛，或有先後，須臾之間，焉知那管正值冬至之刻？須自中心先曉得冬至之刻始得。此便有不通處。學者須先從禮樂本原上用功。」

【译文】

有人请教《律吕新书》。

先生说："学者首先要做的是在心中确定礼乐的根本，否则，把乐律确定的方法算得再熟也没有用。《律吕新书》中说，一般用律管查看阴阳二气的变化，但是到冬至那一刻，律管中的芦灰飞扬或许有先后，那么在顷刻之间，怎么能知道哪根律管中芦灰的振动代表冬至的到来呢？必须心中先知道冬至时刻到了才行。这就有些说不通了。所以学者必须先从礼乐的根本上下功夫。"

【原文】

曰仁云："心猶鏡也。聖人心如明鏡，常人心如昏鏡。近世格物之説，如以鏡照物，照上用功，不知鏡尚昏在，何能照？先生之格物，如磨鏡而使之明，磨上用功，明了後亦未嘗廢照。"

【译文】

徐爱说："人心好比镜子。圣人的心就像明镜，普通人的心就像昏暗的镜。朱熹的格物学说，就像用镜照物，只在照上下功夫，不知道镜子还很昏暗，怎么能照清呢？先生的格物学说，好比磨镜使它变明变亮，在磨镜上下功夫，镜子明亮了不会影响照物。"

【原文】

問"道之精麤"。

先生曰："道無精麤，人之所見有精麤。如這一間房，人初進來，只見一箇大規模如此；處久便柱壁之類一一看得明白；再久，如柱上有些文藻，細細都看出來：然只是一間房。"

【译文】

陆澄问"道的精深、粗浅"。

先生说："天理本身没有精粗之分，但人们对天理的认识有精粗之分。好比一间房子，人刚进来时，只看到一个大致轮廓；呆久了，才把梁柱、墙壁等一一看清楚；时间再长些，梁柱上的花纹都看得清清楚楚：不过，房子还是这间房子。"

【原文】

先生曰："諸公近見時少疑問，何也？人不用功，莫不自以爲已知，爲學只循而行之是矣。殊不知私欲日生，如地上塵，一日不掃，便又有一層。著實用功，便見道無終窮，愈探愈深，必使精白無一毫不徹方可。"

【译文】

先生说："你们近来问题少多了，为什么？人不下功夫，就会自满，认为已知道如何做学问，只按照过去的方法去做就可以了。却不知道私欲天天生长，就像地上的灰尘，一天不扫便又积一层。踏踏实实下功夫，就会发现天理永无止境，越探究就越深奥，必须做到精确明白，没有丝毫不透彻才行。"

【原文】

問：「知至然後可以言誠意。今天理人欲，知之未盡，如何用得克己功夫？」

先生曰：「人若真實切己用功不已，則於此心天理之精微日見一日，私欲之細微亦日見一日。若不用克己功夫，終日只是説話而已，天理終不自見，私欲亦終不自見。如人走路一般，走得一段，方認得一段；走到歧路處，有疑便問，問了又走，方漸能到得欲到之處。今人於已知之天理不肯存，已知之人欲不肯去，且只管愁不能盡知。只管閑講，何益之有？且待克得自己無私可克，方愁不能盡知，亦未遲在。」

【译文】

陆澄问：「《大学》中说，彻底认识了才能谈思想真诚。现在对天理私欲还没搞明白，怎么做克制私欲的功夫呢？」

先生说：「一个人如果真正下决心不断用功修炼，那么，他对天理精妙细微的认识一天比一天深刻，对私欲的认识也如此。如果不下功夫克制私欲，每天只在嘴上说说，终究认识不清天理、私欲。就像人走路一样，走过一段路之后才认识这段路。走到岔路口时，有疑惑便问，问了再向前走，才能慢慢到达要去的地方。现在有些人对已认识到的天理不愿存养，对认识到的私欲不愿清除，只顾发愁不能尽知天理，光是空谈，有什么益处？等到没什么私欲可克制时，再发愁不能完全认识天理，也不算迟。」

【原文】

問：「道一而已，古人論道往往不同，求之亦有要乎？」

先生曰：「道無方體，不可執著。卻拘滯於文義上求道，遠矣。如今人只説天，其實何嘗見天？謂日、月、風、雷即天，不可；謂人、物、草、木不是天，亦不可。道即是天，若識得時，何莫而非道？人但各以其一隅之見認定，以爲道止如此，所以不同。若解向裏尋求，見得自己心體，即無時無處不是此道。亘古亘今，無終無始，更有甚同異？心即道，道即天。知心則知道、知天。」

又曰：「諸君要實見此道，須從自己心上體認，不假外求始得。」

【译文】

陆澄问：「道只有一个，古人在论道时却往往不同，求道也有关键之处吗？」

先生说：「道没有方向，没有具体的存在形式，不能执著。想拘泥于词句探求天道，反而离天道越来越远。比如现在人说天，其实他们何尝认识天？他们认为日、月、风、雷就是天，不对；说人、物、草、木不是天，也不对。道就是天，如果认识到这一点，那么什么不是道？但人

们只是根据自己的一孔之见来认定道，认为道只不过如此，所以每个人认识的道才会不一样。如果努力加强内心修养，认识到自己的本心，那么，时时处处都是这个道。从古至今，无始无终，哪有什么异同？心就是道，道就是天。认识本心就能认识道，认识天。」

先生又说：「你们要真的想认识道，必须在自己的心中体会，不要从本心之外去探求才行。」

【原文】

問：「名物度數，亦須先講求否？」

先生曰：「人只要成就自家心體，則用在其中。如養得心體，果有未發之中，自然有發而中節之和，自然無施不可。苟無是心，雖預先講得世上許多名物度數，與己原不相干，只是裝綴臨時，自行不去。亦不是將名物度數全然不理，只要知所先後，則近道。」

又曰：「人要隨才成就。纔是其所能爲，如夔之樂，稷之種，是他資性合下便如此。成就之者，亦只是要他心體純乎天理。其運用處，皆從天理上發來，然後謂之才。到得純乎天理處，亦能不器。使夔、稷易藝而爲，當亦能之。」

又曰：「如『素富貴行乎富貴，素患難行乎患難』，皆是不器：此惟養得心體正者能之。」

【译文】

陆澄问：「事物的名称和数量，也必须预先探求吗？」

先生说：「人只要能存养本心为天理，则发挥运用自然包含其中。如果修养心体达到未发之中的境界，即使情欲发作出来也合乎中正平和，自然无所不可。如果没有存养本心，即使事先探求世上许多事物的知识，与自己也没有什么关系，只能临时装点一下门面，不能行事。当然，也不是根本不管事物的名称数量，只要知道先做什么，后做什么，这就接近天理了。」

先生又说：「人根据自己的特长做出成就，才是他所能做到的。就像夔对于音乐、后稷对于种庄稼一样，他们的天性本来就适合从事这些工作。造就一个人，也只是让他的心纯粹而成为天理。他做事都是天理自然的发挥运用，然后称他为人才。心体存养达到纯粹为天理的程度，干什么都可以成功，成为不器之才。让夔和后稷互换职业，他们也能做得很好。」

又说：「像《中庸》所说『身处富贵就做富贵时能干的事，身处患难就做患难中能做的事』，这都是不器：干什么都能成功，这只有存养心体达到中正的人才能做到。」

【原文】

「與其爲數頃無源之塘水，不若爲數尺有源之井水，生意不窮。」時先生在塘邊坐，傍有井，故以之喻學云。

【译文】

先生说："与其挖一个数顷之大而无水源的池塘，不如挖一口数尺深而有水源的井，井里的水源源不断不会枯竭。"当时，先生坐在池塘边，旁边有一口井，他就以井来比喻做学问。

【原文】

問："世道日降，太古時氣象如何復見得？"

先生曰："一日便是一元。人平旦時起坐，未與物接，此心清明景象，便如在伏羲時遊一般。"

【译文】

陆澄问："现在世风日下，人心不古，伏羲以前太古时代的清明风气如何才能重现呢？"

先生说："一天就是一元。人早晨起來，尚未待人接物，心中宁静，一片平和，就好像游历伏羲时代一样。"

【原文】

問："心要逐物，如何則可？"

先生曰："人君端拱清穆，六卿分職，天下乃治。心統五官，亦要如此。今眼要視時，心便逐在色上；耳要聽時，心便逐在聲上。如人君要選官時，便自去坐在吏部；要調軍時，便自去坐在兵部：如此豈惟失卻君體，六卿亦皆不得其職。"

【译文】

陆澄问："人心追求外物，该怎么办？"

先生说："君王庄严肃穆端坐在朝堂上，六卿各司其职，天下才能太平。人心统摄五官也要像这样。现在眼睛要看时，心就追逐在颜色上；耳朵要听时，心就追逐在声音上。这就好比君主要选拔官吏时，就去吏部；要调动军队时，就去兵部。这样，不但失去了君主的身份，文武百官也不能履行其职责。"

【原文】

"善念發而知之，而充之；惡念發而知之，而遏之。知與充與遏者，志也，天聰明也。聖人只有此，學者當存此。"

【译文】

先生说："人心萌发善念时要认识它，并发展扩充它；人心萌发恶念时要认识它，并遏制清除它。知道扩充善念遏制恶念，就是心志，是上天赋予人的聪明才智。圣人只不过拥有这个聪明才智，学者应该学习存养这种聪明才智。"

【原文】

澄曰："好色、好利、好名等心，固是私欲。如閑思雜慮，如何亦謂之私欲？"

先生曰："畢竟從好色、好利、好名等根上起，自尋其根便見。如汝心中，決知是無有做刼盜的思慮，何也？以汝元無是心也。汝若於貨、色、名、利等心，一切皆如不做刼盜之心一般，都消滅了，光光只是心之本體，看有甚閑思慮？此便是寂然不動，便是未發之中，便是廓然大公！自然感而遂通，自然發而中節，自然物來順應。"

【译文】

陆澄说："心里喜好美色、追逐名利等肯定是私欲，但那些闲思杂虑怎么也叫私欲呢？"

先生说："闲思杂虑毕竟是从喜好美色、追逐名利这些根上生发出来的，从根源上找才能看清其实质。例如，你一定明白自己决没有去抢动、偷盗的想法，为什么？因为你心中根本没有这个念头。如果你贪财、好色、追名、逐利之心等像做盗贼之心一样都被清除了，干干净净只剩下心的本体，看看还会有什么闲思杂虑？这便是心宁静不动，便是未发之中，便是心胸宽广、大公无私。这样，人心便会与万事万物感应相通，感情发出来时中正平和，也自然能根据各种情况而应对自如。"

【原文】

問"志至氣次"。

先生曰："『志之所至，氣亦至焉』之謂，非極至、次貳之謂。持其志則養氣在其中，無暴其氣則亦持其志矣。孟子救告子之偏，故如此夾持說。"

【译文】

陆澄问"志至气次"的问题。

先生说："『这说的是志向到达的地方，意气也随之而至』。并不是如朱熹所说，必须先立下志向，然後才能养气。坚持志向养气就在其中。不意气用事也就是坚持志向。孟子为了纠正告子的偏弊，才这样兼顾两方面讲。"

【原文】

問："先儒曰：『聖人之道必降而自卑，賢人之言，則引而自高。』如何？"

先生曰："不然。如此，却乃僞也。聖人如天，無往而非天，三光之上天也，九地之下亦天也，天何嘗有降而自卑？此所謂大而化之也。賢人如山嶽，守其高而已。然百仞者不能引而爲千仞，千仞者不能引而爲萬

仞。是賢人未嘗引而自高也，引而自高則僞矣。」

【译文】

陆澄问：「程颐先生说：『圣人论道必然朴素谦卑，贤人说话卻自我抬高。』这话怎么讲？」

先生说：「不对，假如这样就是作假了。圣人就像天，到哪里都是天，日月星辰之上是天，九泉之下也是天。天何曾自降身份至卑下的地位呢？这就是孟子说的大而化之。贤人像高山大岳，保持着自己的高度罢了。但是百仞之山不能自拔成千仞，千仞之山同样不能自拔为万仞。贤人并没有抬高自己，若这样就是作假。」

【原文】

問：「伊川謂不當於喜怒哀樂未發之前求中，延平卻教學者看未發之前氣象，何如？」

先生曰：「皆是也。伊川恐人於未發前討箇中，把中做一物看，如吾向所謂認氣定時做中，故令只於涵養省察上用功。延平恐人未便有下手處，故令人時時刻刻求未發前氣象，使人正目而視惟此，傾耳而聽惟此：即是戒慎不睹，恐懼不聞的工夫。皆古人不得已誘人之言也。」

【译文】

陆澄问：「程颐先生认为不该在喜怒哀乐发出来之前追求中正平和，延平先生却教育学生观察感情未发之前的状态，他们的说法对吗？」

先生说：「都对。程颐先生怕人们在感情未发之前追求中正，把中正看成一事物，就像我一向说的把气定当作中正平和那样，所以让人们只在存养反省体察上下工夫。延平先生害怕人开始时找不到切入点，所以让人时刻观察感情未发前的气象，使人在全神贯注时看到的、听到的只是未发前的状况，这就是《中庸》所说的戒慎不睹，恐惧不闻的功夫。这都是古人诱导人修身养性时不得已说的话。」

【原文】

澄問：「喜、怒、哀、樂之中和，其全體常人固不能有。如一件小事當喜怒者，平時無有喜怒之心，至其臨時，亦能中節，亦可謂之中和乎？」

先生曰：「在一時一事，固亦可謂之中和，然未可謂之大本、達道。人性皆善，中和是人人原有的，豈可謂無？但常人之心既有所昏蔽，則其本體雖亦時時發見，終是暫明暫滅，非其全體大用矣。無所不中，然後謂之大本；無所不和，然後謂之達道；惟天下之至誠，然後能立天下之大本。」

曰：「澄於中字之義尚未明。」

曰：「此須自心體認出來，非言語所能喻。中只是天理。」

曰：「何者爲天理？」

曰：「去得人欲，便識天理。」

曰：「天理何以謂之中？」

曰：「無所偏倚。」

曰：「無所偏倚是何等氣象？」

曰：「如明鏡然，全體瑩徹，略無纖塵染著。」

曰：「偏倚是有所染著。如著在好色、好利、好名等項上，方見得偏倚；若未發時，美色、名、利皆未相著，何以便知其有所偏倚？」

曰：「雖未相著，然平日好色、好利、好名之心原未嘗無；既未嘗無，即謂之有；既謂之有，則亦不可謂無偏倚。譬之病瘧之人，雖有時不發，而病根原不曾除，則亦不得謂之無病之人矣。須是平日好色、好利、好名等項一應私心掃除蕩滌，無復纖毫留滯，而此心全然廓然，純是天理，方可謂之喜、怒、哀、樂未發之中，方是天下之大本。」

【译文】

陆澄问：「喜怒哀乐等感情发出来中正平和，它的全体，一般人都不具有。比如遇到一件应该高兴或愤怒的小事，如果平时心中没有喜怒，遇到事时发出来的情感符合中正平和的标准，这算不算中正平和？」

先生说：「在这一时一事上可以说达到了中正平和，但还不能说是大本、达道的境界。人本性善良，中和人人本来就有，怎么能说没有？不过普通人的天性有所蒙蔽，他们的本体虽然时时显现，终究时断时续，时明时灭，不是心的全体作用。无时无刻没有不中正才叫大本，无时无刻不平和的才叫达道。只有天下最真诚的人，才能确立天下的大本。」

陆澄说：「我对中字的含义还不明白。」

先生说：「这必须从自己的本心上悟出来，不是语言所能表达清楚的。中就是天理。」

陆澄问：「什么是天理？」

先生说：「摒弃私欲，就会明白天理。」

陆澄说：「天理怎么叫做中呢？」

先生说：「因为天理不偏不倚。」

陆澄说：「不偏不倚是什么状态？」

先生说：「像明镜似的，通体晶莹无一丝灰尘。」

陆澄说：「偏倚是有所玷污，如沾染上好色、追名逐利等等，才能看出来是有所偏倚。如果感情未发出来，好色、追名逐利都还没有表现出来，怎么便知道他有所偏倚呢？」

先生说：「虽然还没有表现出来，但平时好色、追名逐利的念头并不是没有。既然并不是没有，就是有这些念头；既然有这些念头，就不能说没有偏倚。比如有疟疾的人，虽然有时病

未发作，病根却并没有根除，所以不能说他是没病的人。必须把平时的好色、追名逐利等私欲彻底清除，不留一丝一毫，此心完全至精至纯，全是天理，才能说是喜怒哀乐没发出时的中正，这才是天下的大本。」

【原文】

問：「『顔子没而聖學亡』，此語不能無疑。」

先生曰：「見聖道之全者惟顔子。觀喟然一歎可見。其謂『夫子循循然善誘人，博我以文，約我以禮』，是見破後如此説。博文約禮，如何是善誘人？學者須思之。道之全體，聖人亦難以語人，須是學者自修自悟。顔子雖欲從之，末由也已，卽文王望道未見意。望道未見，乃是真見。顔子没，而聖學之正派遂不盡傳矣。」

【译文】

陆澄问：「先生说『颜回死后孔子的学说就衰亡了』，我对此有疑问。」

先生说：「全部领会圣人学说的只有颜回一人，这从《论语》中颜回那一叹可以看出。他说『孔子善于循序渐进地引导学生，用丰富的知识武装我，用简洁明白的礼节来规范提高我』，这是他全面领会掌握后才能说出的话。博文、约礼怎么能善于开导人呢？学者需要认真思考。天理的全貌，圣人也难以告诉人，必须靠学者自己修养感悟。颜回说虽然我想追求天理，却找不到路径，文王说我对天理的渴求就像永远没有见到它一样，他们两人表达的意思是相同的。渴求天道像从未见过一样，这才是真正追求到天理。颜回死后，孔子学说的正宗就不能完全流传下来。」

【原文】

問：「身之主爲心，心之靈明是知，知之發動是意，意之所著爲物，是如此否？」

先生曰：「亦是。」

【译文】

陆澄问：「身体的主宰是心，心的清明神妙是认识，认识发动便是思想，思想涉及的对象是事物，是这样吗？」

先生说：「可以这样说。」

【原文】

「只存得此心常見在，便是學。過去未來事，思之何益？徒放心耳！」

「言語無序，亦足以見心之不存。」

【译文】

先生说：「只要时刻存养本心，就是学习。过去和将来的事想它有什么益处？只不过是

丧失本心罢了。」

先生说：「说话颠三倒四，足以说明没有存养本心。」

【原文】

尚謙問孟子之「不動心」與告子異。

先生曰：「告子是硬把捉著此心，要他不動；孟子卻是集義到自然不動。」

又曰：「心之本體原自不動。心之本體卽是性，性卽是理，性元不動，理元不動。集義是復其心之本體。」

【译文】

尚谦问孟子讲的「不动心」与告子讲的有何差异。

先生说：「告子的观点，是硬要捉住心使它不动；孟子是要人不断存养本心使它自然不动。」

先生又说：「心的本体原本是不动，心的本体就是天性，天性便是天理。人的天性原是不动的，天理也是这样，不断积累正义就是要恢复心的本体。」

【原文】

「萬象森然時，亦沖漠無朕；沖漠無朕，卽萬象森然。沖漠無朕者一

之父，萬象森然者精之母。一中有精，精中有一。」

「心外無物。如吾心發一念孝親，卽孝親便是物。」

【译文】

先生说：「心中万事万物具体呈现时，也就达到了寂然无我的境界；达到了寂然无我的境界时，万事万物就会全部呈现在心中。冲漠无朕是惟一的父亲，万象森然是惟精的母亲。惟一中有惟精，惟精中有惟一，二者是统一不可分的。」

先生说：「本心之外没有事物，如果我心里产生了孝顺父母的意念，那孝顺父母就是事物。」

【原文】

先生曰：「今爲吾所謂格物之學者，尚多流於口耳。況爲口耳之學者，能反於此乎？天理人欲，其精微必時時用力省察克治，方日漸有見。如今一說話之間，雖口講天理，不知心中倏忽之間已有多少私欲。蓋有竊發而不知者，雖用力察之，尚不易見，況徒口講而可得盡知乎？今只管講天理來頓放著不循，講人欲來頓放著不去，豈格物致知之學？後世之學，其極至，只做得箇義襲而取的工夫。」

【译文】

先生说：「现在许多学习我的格物学说的人，尚且多停留在口头上，何况那些喜欢空谈的

人怎么能不如此呢？存天理去私欲，其精微之处必须时刻反省体察克制，才能渐渐有所得。现在有人说话的时候，虽然嘴里讲着存养天理，却不知心中刹那间产生出多少私欲来！私欲潜滋暗长，即使下工夫反省体察还不易发现，何况仅仅口头上说说，怎么可能全部发现？现在只讲天理而不遵循，谈到私欲而不克制，这难道是我的格物致知的学说吗？后世的学问，至多也只是做到用偶然的合乎天理的举动博得个好名声的地步。」

【原文】

問「格物」。

先生曰：「格者，正也。正其不正，以歸於正也。」

問：「知止者，知至善只在吾心，元不在外也，而後志定。」

曰：「然。」

【译文】

陆澄请教「格物」。

先生说：「格是纠正的意思，就是纠正错误使其复归中正。」

陆澄问：「知止就是明白至善只存在于我们心中，而不在心外，然后志向才能坚定。」

先生说：「对。」

【原文】

問：「格物於動處用功否？」

先生曰：「格物無間動靜，靜亦物也。孟子謂『必有事焉』，是動靜皆有事。」

【译文】

有人问：「格物是在活动时下功夫吗？」

先生说：「格物不分动静，静止也是一种事物。孟子说『必有事焉』，就是说不管是动还是静都要用功。」

【原文】

「工夫難處，全在格物致知上。此即誠意之事。意既誠，大段心亦自正，身亦自修。但正心修身工夫，亦各有用力處，修身是已發邊，正心是未發邊。心正則中，身修則和。」

【译文】

先生说：「工夫最难的就是格物致知，这就是思想是否合于天理的事。思想合乎天理，基本上心也自然能中正，自然能修身。但是端正心性、修身的功夫也各有切入点，修身是就感情发出来而言的，正心是就感情未发出来而言的。正心则中正，身修则平和。」

【原文】

「自『格物致知』至『平天下』，只是一個『明明德』，雖親民，亦明德事也。明德是此心之德，即是仁。仁者以天地萬物爲一體，使有一物失所，便是吾仁有未盡處。」

【译文】

先生说：「从『格物致知』到『平天下』，只是『明明德』的过程，即使是亲民，也属于明德的事情。明德是本心的德性，就是仁爱。仁爱的人把天地万物看作一个整体，如果有一物失常，就是我的仁爱还有不完善的地方。」

【原文】

「只説『明明德』而不説『親民』，便似老、佛。」

【译文】

先生说：「仅谈『明明德』而不说『亲民』，便有点像佛道两家的思想。」

【原文】

「至善者性也，性元無一毫之惡，故曰至善。止之，是復其本然而已。」

【译文】

先生说：「至善是人的天性，天性原本没有一点恶，所以叫最高的善。止至善，只是恢复人性的本来面目。」

【原文】

問：「知至善即吾性，吾性具吾心，吾心乃至善所止之地，則不爲向時之紛然外求，而志定矣。定則不擾擾而靜，靜而不妄動則安，安則一心一意只在此處，千思萬想，務求必得此至善，是能慮而得矣。如此説是否？」

先生曰：「大略亦是。」

【译文】

陆澄问：「明白至善是人的天性，人的天性包含在人的本心之中，人的本心是至善所在的地方，就不会像过去那样匆忙在心外探求，志向也就坚定了。志向坚定，心就不会纷纷扰扰而平静下来，心静不乱动则会心安，心安就会全神贯注于至善，苦思冥想一定探求得到至善，这就是虑而后能得的意思。这样说对吗？」

先生说：「基本上对。」

【原文】

問：「程子云『仁者以天地萬物爲一體』，何墨氏『兼愛』反不得謂之仁？」

先生曰：「此亦甚難言，須是諸君自體認出來始得。仁是造化生生不息之理，雖彌漫周徧，無處不是，然其流行發生，亦只有箇漸，所以生生不息。如冬至一陽生，必自一陽生，而後漸漸至於六陽，若無一陽之生，豈有六陽？陰亦然。惟有漸，所以便有箇發端處；惟其有箇發端處，所以生；惟其生，所以不息。譬之木，其始抽芽，便是木之生意發端處；抽芽然後發幹，發幹然後生枝生葉，然後是生生不息。若無芽，何以有幹有枝葉？能抽芽，必是下面有箇根在。有根方生，無根便死。無根何從抽芽？父子兄弟之愛，便是人心生意發端處，如木之抽芽。自此而仁民，而愛物，便是發幹生枝生葉。墨氏兼愛無差等，將自家父子兄弟與途人一般看，便自没了發端處；不抽芽便知得他無根，便不是生生不息，安得謂之仁？孝弟爲仁之本，卻是仁理從裏面發生出來。」

【译文】

有人问：「程颢先生说『仁爱的人把天地万物看作一个整体』，为什么提倡『兼爱』的墨子反而不被认为是仁爱呢？」

先生说：「这很难说清楚，你们必须自己体会才能明白。仁是孕育万物生生不息的天理，虽然它无处不在，充满天地间，但是它运动变化，也有个过程，所以它才是生生不息。例如冬至时一阳初生，一定从一阳产生后逐渐发展到六阳。若没有一阳产生，哪有六阳？阴也是如此。就因为它是个不断发展的过程，所以就有开端，有开端才有生命；有生命才会生长不息。好比树木，开始发芽就是树木生长的开端。发芽后生出树干，长出树干后生出枝条树叶，最后是生生不息。如果没有发芽，树木哪来树干、枝条和叶子？能发芽，说明下面一定有根，有根才能生长，没有根就会枯死。没有根从哪儿发芽？父子、兄弟间的关爱之情，就是人心意念产生的开端，好比树木发芽。由此而关爱百姓、关爱万物，就是长干生枝长叶。墨子兼爱说的爱没有差别，把自家父子、兄弟和路人同等看待，这就没有了开端。不发芽，便知道他的兼爱无根，不是生生不息，怎么能称为仁呢？孝顺父亲、尊敬兄长是仁的根本，仁就是从这个根本中产生出来的。」

【原文】

問：「延平云『當理而無私心』，當理與無私心如何分別？」

先生曰：「心卽理也，無私心卽是當理，未當理便是私心。若析心與理言之，恐亦未善。」

又問：「釋氏於世間一切情欲之私都不染著，似無私心。但外棄人倫，卻似未當理。」

曰：「亦只是一統事，都只是成就他一箇私己的心。」

【译文】

陆澄问：「延平先生说『符合天理而没有私心』，符合天理和没有私心，怎么区别？」

先生说：「心就是天理。没有私心就是符合天理，不符合天理便是私心。如果把心与天理分开来讲，恐怕不太好。」

又问：「佛家对尘世间的一切情欲、私心都不沾染，好像没有私心。但是佛家抛弃人伦，似乎不符合天理。」

先生说：「佛教和世人都是一回事，都是只要成全他自己的私心。」

薛侃録

【原文】

侃問：「持志如心痛，一心在痛上，安有工夫説閒話，管閒事？」

先生曰：「初學工夫，如此用亦好；但要使知出入無時，莫知其鄉。心之神明，原是如此功夫，方有著落。若只死死守著，恐於工夫上又發病。」

【译文】

薛侃问：「坚持志向好比心痛，一心全在痛上，哪有时间说闲话、管闲事？」

先生说：「初学时这样下工夫也行，但是要知道天理的神明原来就是进出没有时间，不知它要到哪里，这样工夫才有着落。如果只是死守志向，恐怕又会在下工夫上出毛病。」

【原文】

侃問：「專涵養而不務講求，將認欲作理，則如之何？」

先生曰：「人須是知學，講求亦只是涵養，不講求只是涵養之志不切。」

曰：「何謂知學？」

曰：「且道爲何而學？學箇甚？」

曰：「嘗聞先生教，學是學存天理。心之本體卽是天理，體認天理只要自心地無私意。」

曰：「如此則只須克去私意便是，又愁甚理欲不明？」

曰：「正恐這些私意認不真。」

曰：「總是志未切。志切，目視耳聽皆在此，安有認不真的道理？是非之心人皆有之，不假外求。講求亦只是體當自心所見，不成去心外別有箇見。」

【译文】

薛侃问：「专注存养本性而不注重学习研究，结果把私欲当作天理，该怎么办？」

先生说：「人必须知道学习，学习研究也就是存养，不研究就是存养天性的志向不坚定。」

薛侃说：「怎样叫知道学习？」

先生说：「你先说说为什么学，学什么？」

薛侃说：「曾经听先生教诲，学就是学习存养天理，心的本体是天理，体察认识天理，只要自己本心没有私念。」

先生说：「如此说来，只要注意克制私欲就行了，还发愁什么不明白天理、私欲？」

薛侃说：「正是害怕认不清私欲。」

先生说：「还是志向不坚定。志向坚定，眼睛看、耳朵听都集中在天理上，哪有认不清私欲的道理？辨别对错的能力是人与生俱来的，不需要到心外去探求。探求学问也只是体察本心的认识，而不是本心之外还有别的认识。」

【原文】

先生問在座之友：「比來工夫何似？」

一友舉虚明意思。先生曰：「此是説光景。」

一友叙今昔異同。先生曰：「此是説效驗。」

二友惘然，請是。

先生曰：「吾輩今日用功，只是要爲善之心真切。此心真切，見善卽遷，有過卽改，方是真切工夫。如此則人欲日消，天理日明。若只管求光景，説效驗，卻是助長外馳病痛，不是工夫。」

【译文】

先生问在座的朋友：「近来工夫有什么进展吗？」

一位朋友说自己心中寂静却又光明。先生说：「这是做工夫时的情景。」

一位朋友叙述了过去和现在的异同，先生说：「这是说做工夫的效果。」

两位朋友一片惘然，向先生请教。

先生说：「我们现在下工夫，只是要使求善之心更加真切。这个心真诚确切，见善就靠近，有过就改正，这才是真诚确切的工夫。只有这样，私欲才会一天天消亡，天理才会一天天清明。如果只是追求做工夫的情景和效果，反而会助长在心外求理的毛病，这不是真正的工夫。」

【原文】

朋友觀書，多有摘議晦庵者。

先生曰：「是有心求異卽不是。吾説與晦庵時有不同者，爲入門下手處有毫厘千里之分，不得不辯；然吾之心與晦庵之心未嘗異也。若其餘文義解得明當處，如何動得一字？」

【译文】

朋友们看书，经常批评指摘朱熹先生。

先生说：「这是故意求新求异，是不对的。我的学说与朱熹多有不同，主要是在入门功夫上有毫厘千里的差别，不得不分辨清楚。但是我的心与朱熹先生的心是相同的。朱熹先生其他解释得明白精当的地方，怎么能改动一字呢？」

【原文】

希淵問：「聖人可學而至。然伯夷、伊尹於孔子才力終不同，其同謂之聖者安在？」

先生曰：「聖人之所以爲聖，只是其心純乎天理，而無人欲之雜。猶精金之所以爲精，但以其成色足而無銅鉛之雜也。人到純乎天理方是聖，金到足色方是精。然聖人之才力，亦有大小不同，猶金之分兩有輕重。堯、舜猶萬鎰，文王、孔子猶九千鎰，禹、湯、武王猶七八千鎰，伯夷、伊尹猶四五千鎰：才力不同而純乎天理則同，皆可謂之聖人；猶分兩雖不同，而足色則同，皆可謂之精金。以五千鎰者而入於萬鎰之中，其足色同也；以夷、尹而厠之堯、孔之間，其純乎天理同也。蓋所以爲精金者，在足色而不在分兩；所以爲聖者，在純乎天理而不在才力也。故雖凡人而肯爲學，使此心純乎天理，則亦可爲聖人；猶一兩之金比之萬鎰，分兩雖懸絶，而其到足色處可以無愧。故曰『人皆可以爲堯、舜』者以此。學者學聖人，不過是去人欲而存天理耳，猶煉金而求其足色。金之成色所爭不多，則鍛煉之工省而功易成，成色愈下則鍛煉愈難；人之氣質清濁粹駁，有中人以上，中人以下，其於道有生知安行，學知利行，其下者必須人一己百，人十己千，及其成功則一。後世不知作聖之本是純乎天理，卻專去知識才能上求聖人。以爲聖人無所不知，無所不能，我須是將聖人許多知識才能逐一理會始得。故不務去天理上著功夫，徒弊精竭力，從册子上鑽研，名物上考索，形迹上比擬，知識愈廣而人欲愈滋，才力愈多而天理愈蔽。正如見人有萬鎰精金，不務鍛煉成色，求無愧於彼之精純，而乃妄希分兩，務同彼之萬鎰，錫、鉛、銅、鐵雜然而投，分兩愈增而成色愈下，既其梢末，無復有金矣。」

時曰仁在傍，曰：「先生此喻足以破世儒支離之惑，大有功於後學。」

先生又曰：「吾輩用功只求日減，不求日增。減得一分人欲，便是復得一分天理；何等輕快脱灑！何等簡易！」

【译文】

希渊问：「通过学习可以成为圣人，然而伯夷、伊尹同孔子的才智终究不同，为什么孟子把他们都称为圣人呢？」

先生说：「圣人之所以是圣人，只因为他们的心中没有掺杂人欲而至纯至精为天理，好比纯金之所以是纯金，是因为其成色足而没有一点铜铅等杂质。人心至纯为天理才是圣人，金到成色十足时才是纯金。不过，圣人的才智也有大小差异，好比金的分量有轻重。尧、舜就像是万镒的纯金，文王、孔子就像是九千镒，大禹、商汤、武王则为七八千镒，伯夷、伊尹则重四五千镒：他们才智虽不同，但在心纯为天理方面是相同的，都可以称为圣人；好比虽然分量不同，但成色十足，都是纯金。重五千镒的纯金溶入到重万镒的纯金中，它们的成色是相同的；伯夷、伊尹与唐尧、孔子同为圣人，他们的心都纯为天理。所以纯金是看其成色而不是分量，圣人是在于心纯为天理而不在于才力大小。因此即使是普通人，只要肯学习，使己心纯为天理，那么也可以成为圣人。这好比重一两的金子，与重万镒的金子分量相差悬殊，但其成色十足时，也无愧于纯金的美名。孟子说『人人都可以成为尧、舜一样的圣人』的原因就在于此。学者学习圣人，不过是清除私欲存养天理，就好比炼金使其成色十足。金的成色离足赤相差不多时，冶炼起来就比较省功夫；成色越低，冶炼就越难。人的气质有清粹浊杂之分，智力有中等以上、中等以下之别，对于天理，有天生就知道并自然能去实践的人，有通过学习才知道并顺利实践的人，资质更低下的人，必须别人用一倍、十倍的功夫而自己需要用百倍、千倍的功夫，等到成功了则都是一样的。后世的人不知道成为圣人的根本在于存养己心到纯为天理，却想专门在知识上努力成为圣人，认为圣人无所不知，无所不能，必须把圣人的许多知识才能一一掌握才能成为圣人，所以不在存养天理上用功。他们殚精竭虑从书本上钻研，探究事物的名称形态，作各种形式上的比拟推理。他们的知识越广博私欲就越多，才智越高天理越被蒙蔽。正像看见别人有万镒纯金，却不冶炼自己的金子使其成色与别人的相比毫不逊色，而只妄想使自己金子的分量与人家的一样重，把锡、铅、铜、铁等杂质一起掺进去冶炼，重量越增成色越低，炼到最后就不再是金子了。」

这时徐爱在旁边说：「先生这个比喻，足以破除世俗儒生造成的支离破碎的疑惑，对以后学习的人大有裨益。」

先生又说：「我们下功夫，只求每天减少，不求每天增加，减少一分私欲，便是恢复一分天理，这多么轻快洒脱，多么简单易行呀！」

【原文】

士德問曰：「格物之説如先生所教，明白簡易，人人見得。文公聰明絶世，於此反有未審何也？」

先生曰：「文公精神氣魄大，是他早年合下便要繼往開來，故一向只就考索著述上用功。若先切己自修，自然不暇及此。到得德盛後，果憂道之不明。如孔子退修六籍，删繁就簡，開示來學，亦大段不費甚考索。文公早歲便著許多書，晚年方悔是倒做了。」

士德曰：「晚年之悔，如謂『向來定本之誤』，又謂『雖讀得書何益於

吾事』，又謂『此與守書籍，泥言語，全無交涉』，是他到此方悔從前用功之錯，方去切己自修矣。」

曰：「然。此是文公不可及處。他力量大，一悔便轉，可惜不久卽去世，平日許多錯處皆不及改正。」

【译文】

杨骥问：「先生教的格物思想，简单明了，人人能懂能做。朱熹绝世聪明，对格物却没有弄明白，为什么？」

先生说：「朱熹的精神气魄宏大，他早年就下决心要继往圣、开来学，所以一直在考据著书上下功夫。如果他先认真存养本心，自然就没有时间进行考据著述了。等到德业鼎盛后，如果真的担心大道不明，就像孔子那样删述《六经》，去繁就简，启示后学，也就不用费劲去考证了。朱熹早年写了许多书，晚年才后悔功夫做颠倒了。」

杨骥说：「朱熹晚年悔悟，比如他说『当初确定根本的错误』，又说『读了这么多书，对我的事业有什么帮助』，又说『这与死守书本、拘泥于词句没有关系』，说明他此时才后悔过去功夫下错了，才开始认真存养自己的本心。」

先生说：「对，这是常人不能与朱熹相比的地方。他才高智广，一旦悔悟能马上转到正道上来。可惜他不久便去世，过去的许多错误都未来得及改正。」

【原文】

侃去花間草，因曰：「天地間何善難培，惡難去？」

先生曰：「未培未去耳。」少間，曰：「此等看善惡，皆從軀殼起念，便會錯。」

侃未達。

曰：「天地生意，花草一般，何曾有善惡之分？子欲觀花，則以花爲善，以草爲惡；如欲用草時，復以草爲善矣。此等善惡，皆由汝心好惡所生，故知是錯。」

曰：「然則無善無惡乎？」

曰：「無善無惡者理之靜，有善有惡者氣之動。不動於氣，卽無善無惡，是謂至善。」

曰：「佛氏亦無善無惡，何以異？」

曰：「佛氏著在無善無惡上，便一切都不管，不可以治天下。聖人無善無惡，只是無有作好，無有作惡，不動於氣。然遵王之道，會其有極，便自一循天理，便有箇裁成輔相。」

曰：「草既非惡，卽草不宜去矣。」

曰：「如此卻是佛、老意見。草若有礙，何妨汝去？」

曰：「如此又是作好作惡。」

曰：「不作好惡，非是全無好惡，卻是無知覺的人。謂之不作者，只是好惡一循於理，不去又著一分意思。如此，卽是不曾好惡一般。」

曰：「去草如何是一循於理，不著意思？」

曰：「草有妨礙，理亦宜去，去之而已。偶未卽去，亦不累心。若著了一分意思，卽心體便有貽累，便有許多動氣處。」

曰：「然則善惡全不在物？」

曰：「只在汝心。循理便是善，動氣便是惡。」

曰：「畢竟物無善惡？」

曰：「在心如此，在物亦然。世儒惟不知此，舍心逐物，將格物之學看錯了，終日馳求於外，只做得箇義襲而取，終身行不著，習不察。」

曰：「『如好好色，如惡惡臭』，則如何？」

曰：「此正是一循於理；是天理合如此，本無私意作好作惡。」

曰：「『如好好色，如惡惡臭』，安得非意？」

曰：「卻是誠意，不是私意。誠意只是循天理。雖是循天理，亦著不得一分意，故有所忿懥好樂則不得其正，須是廓然大公，方是心之本體。知此卽知未發之中。」

伯生曰：「先生云『草有妨礙，理亦宜去』，緣何又是軀殼起念？」

曰：「此須汝心自體當。汝要去草，是甚麽心？周茂叔窗前草不除，是甚麽心？」

【译文】

薛侃去花间除草，顺便问：「天地间为什么善难以培养，恶难以除去？」

先生说：「这是因为人们没有去培养善、铲除恶。」过了一会儿又说：「这样看善恶，都是从自身去思考，就会出错。」

薛侃不明白。

先生说：「天地间万物生生不息，比如花草，哪里有善恶的区别？你想赏花，就以花为善，以草为恶；若想用草时，就认为草是好的。这样区别善恶，都是由你心中的好恶而产生的，所以是错的。」

薛侃说：「那么没有善恶之分吗？」

先生说：「没有善没有恶是天理处于静止的状态，有善恶之分是思想感情发出的结果。思想感情没有发动，就没有善恶之分，这是最高的善。」

薛侃说：「佛教也主张没有善恶之分，这与先生的主张怎么区分？」

先生说：「佛家执著于无善无恶，其他的一切都不管了，这样是不能治理天下的。圣人讲的无善无恶，只是不要从私欲出发为善为恶，不为气所动。但遵循王道、归到准则上来，就自然能依照天理，就像《易经》中所说的那样裁成天地之道，辅助天地之宜。」

薛侃说：「既然草不是恶的，那么草也不应该除了。」

先生说：「这样说就是佛、道的观点了。草如果碍事的话，你除掉它又有何妨？」

薛侃说：「这样又是在有意为善为恶。」

先生说：「不由私欲产生好恶之心，并不是完全没有好恶之心，如果这样就成没知觉的人了。所谓不有意，是指人的好恶要遵循于天理，不另外掺杂一丝个人的欲念。这样，就像没有好恶似的。」

薛侃说：「除草怎样才是遵循天理而不掺杂私念呢？」

先生说：「如果草有所妨碍，按照天理应当除去，除去就行了。偶尔有些没有除去，也不要放在心上。心中如果有一分在意，就会感到有些牵累，就会有许多地方被意气所动。」

薛侃说：「那么善恶完全与事物无关？」

先生说：「善恶就在你心中，遵循天理就是善，意气发出来便是恶。」

薛侃说：「那么事物本身是无善恶的？」

先生说：「在心是这样，在物也是这样。世俗的儒生不明白这个道理，舍弃本心存养而追求于外物，把格物的学问搞错了，每天在心外寻求，只是做得义袭而取，一生做事开始时不知其然，习惯后仍然不知其所以然。」

薛侃说：「『像喜好美色、厌恶恶臭』，该如何理解？」

先生说：「这正是遵循天理的结果，天理本身就是这样，这里没有有意区分好坏。」

薛侃说：「『喜欢美色、厌恶恶臭』，怎么能不是有意呢？」

先生说：「这是诚意而不是私欲，诚意就是遵循天理。即使按天理做事，也不是着意去做而是自然而然地去做。所以，一有愤怒、怨恨、喜欢、高兴，心就不能保持中正平和。必须恢弘广大公正，才是心的本体。明白了这个道理，也就明白了未发之中。」

孟源说：「先生说『草有所妨碍，按理应该除掉』，为什么又说这是从自身的好恶产生的念头呢？」

先生说：「这需要你自己心中体会。你要去除草，是什么心思？周敦颐先生不除窗前的草，又是什么心思？」

【原文】

先生謂學者曰：「爲學須得箇頭腦工夫，方有著落。縱未能無間，如舟之有舵，一提便醒。不然，雖從事於學，只做箇義襲而取，只是行不著，

習不察，非大本達道也。」

又曰：「見得時，橫説竪説皆是。若於此處通，彼處不通，只是未見得。」

【译文】

先生对学生们说：「学习必须有个宗旨下工夫，才有方向，即使中间有间断，也像船有舵一样，一提就明白了。否则，虽然不停地学习，只不过义袭而取罢了，开始时不明其然，习惯后仍不明其所以然，这不是学习的大本达道。」

又说：「如果明白了学习的宗旨，不管怎样说都对。如果这里懂了，那里却不清楚，这还是不明白为学的宗旨。」

【原文】

或問：「爲學以親故，不免業舉之累。」

先生曰：「以親之故而業舉，爲累於學，則治田以養其親者亦有累於學乎？先正云『惟患奪志』，但恐爲學之志不真切耳。」

【译文】

有人问：「为学时因为父母的缘故，难免要受科举的牵累。」

先生说：「为父母而参加科举妨碍学习，那么，种田赡养父母也妨碍学习吗？程颐先生说

『最害怕失去志向』，就害怕做学问的志向不够坚定。」

【原文】

崇一問：「尋常意思多忙，有事固忙，無事亦忙，何也？」

先生曰：「天地氣機，元無一息之停；然有箇主宰，故不先不後，不急不緩，雖千變萬化，而主宰常定：人得此而生。若主宰定時，與天運一般不息，雖酬酢萬變，常是從容自在，所謂『天君泰然，百體從令』。若無主宰，便只是這氣奔放，如何不忙？」

【译文】

欧阳德问：「平常思想意念很乱，有事时固会忙乱，无事时也忙乱，这是为什么？」

先生说：「天地万物的变化原本就没有一刻停息。但是它有个主宰，所以变化时不先不后、不缓不急，虽是千变万化，而主宰却恒定不变。人是有了这个主宰后才产生的，如果人的主宰恒定，像天地运行一样永不停息，虽然应酬变化不止，却是从容自在，这就是所谓的『天君泰然，百体遵令而行』。若是没有主宰，只是气奔放乱窜，怎么能不忙乱呢？」

【原文】

先生曰：「爲學大病在好名。」

侃曰：「從前歲自謂此病已輕，比來精察，乃知全未，豈必務外爲

人？只聞譽而喜，聞毀而悶，卽是此病發來。」

曰：「最是。名與實對，務實之心重一分，則務名之心輕一分；全是務實之心，卽全無務名之心；若務實之心如饑之求食，渴之求飲，安得更有工夫好名？」

又曰：「『疾没世而名不稱』，稱字去聲讀，亦『聲聞過情，君子恥之』之意。實不稱名，生猶可補，没則無及矣。四十五十而無聞，是不聞道，非無聲聞也。孔子云『是聞也，非達也』，安肯以此望人？」

【译文】

先生说：「做学问最大的弊病是沽名钓誉。」

薛侃说：「从去年起，我自觉这个毛病已减轻了，但是近来认真反省，才知道完全不是那回事。难道我一直喜好虚名吗？听到赞扬就高兴，听到批评就郁闷，就是此病发作的表现。」

先生说：「正是如此。逐名与务实相对，务实之心多一分，逐名之心就少一分；全是务实之心，那就全无求名之心。如果务实之心像饥饿要吃饭、口渴要喝水一样，哪有时间逐名？」

又说：「『疾没世而名不称』，称字读四声，也就是『名声超过了实际，君子感到羞耻』的意思。实际和名声不符，活着还可想法补救，死后就没办法了。四十五十而无闻，这个闻是指没有闻道，而不是没有名声。孔子说『这是有名声，而不是达道』，他哪里会以是否有名声来看人呢？」

【原文】

侃多悔。

先生曰：「悔悟是去病之藥，然以改之爲貴。若留滯於中，則又因藥發病。」

【译文】

薛侃经常后悔。

先生说：「悔悟是治病的良药，但贵在改正错误。如果把悔悟留在心中，就又会因药生病了。」

【原文】

德章曰：「聞先生以精金喻聖，以分兩喻聖人之分量，以鍛煉喻學者之工夫，最爲深切。惟謂堯、舜爲萬鎰，孔子爲九千鎰，疑未安。」

先生曰：「此又是軀殼上起念，故替聖人爭分兩。若不從軀殼上起念，卽堯、舜萬鎰不爲多，孔子九千鎰不爲少；堯、舜萬鎰只是孔子的，孔子九千鎰只是堯、舜的，原無彼我。所以謂之聖，只論精一，不論多寡。只要此心純乎天理處同，便同謂之聖。若是力量氣魄，如何盡同得？後儒

只在分兩上較量，所以流入功利。若除去了比較分兩的心，各人盡著自己力量精神，只在此心純天理上用功，卽人人自有，箇箇圓成，便能大以成大，小以成小，不假外慕，無不具足。此便是實實落落明善誠身的事。後儒不明聖學，不知就自己心地良知良能上體認擴充，卻去求知其所不知，求能其所不能，一味只是希高慕大；不知自己是桀、紂心地，動輒要做堯、舜事業，如何做得？終年碌碌，至於老死，竟不知成就了箇甚麽，可哀也已！」

【译文】

德章说：「先生以纯金比喻圣人，以金的分两比喻圣人的才智大小，用炼金比喻学者的修养功夫，最为深刻准确。只是把尧、舜比喻成重万镒的纯金，孔子为重九千镒的纯金，似乎不妥。」

先生说：「这又是从外在形式上考虑，有意去给圣人争些分量。如果不是这样，那么把尧、舜比作万镒纯金也不算多，把孔子比作九千镒的纯金也不算少，尧、舜的万镒也是孔子的，孔子的九千镒也是尧、舜的，原无差别。圣人之所以是圣人，只看心体是否精一，而不看才智大小。只要心至纯至精为天理，就都是圣人。如果谈及他们的才能气魄，怎么可能相同呢？后世儒生只在才能上作比较，因此蜕变为只考虑功利。如果消除了比较才能的私心，每个人尽自己的力量精神在存养天理上下功夫，就会人人功德圆满，能力大的做出大的成就，能力小的做出小的成就，无须借助外力，无不完美纯粹。这才是踏踏实实、明善诚身的事情。后世儒生不明白圣人的学说，不知道在自己心体良知良能上体察扩充，却去追求了解自己所不能了解的，做自己所不能做的，一味好高骛远，爱慕虚荣，不知道自己是桀、纣的心地，动不动就想做尧、舜的事业，这怎么可能？一年到头忙忙碌碌直到老死，却不知道干了什么，这样的人真可怜呀！」

【原文】

侃問：「先儒以心之靜爲體，心之動爲用，如何？」

先生曰：「心不可以動靜爲體用。動靜時也，卽體而言用在體，卽用而言體在用，是謂體用一源。若說靜可以見其體，動可以見其用，卻不妨。」

【译文】

薛侃问：「先儒认为静是心的本体，动是心的运用。对吗？」

先生说：「心不能用动静来区分本体和运用。动静只是相对时间而言的。就本体来说，运用在本体之中；就运用来说，本体也寓于运用之中，这就是所谓的体用一源。如果说平静时可以看到其本体，动时可以见到其运用，倒也无妨。」

【原文】

問：「上智下愚如何不可移？」

先生曰：「不是不可移，只是不肯移。」

【译文】

薛侃问：「聪明和愚笨为什么不能改变呢？」

先生说：「不是不能改变，只是不愿改变。」

【原文】

問「子夏門人問交」章。

先生曰：「子夏是言小子之交，子張是言成人之交。若善用之，亦俱是。」

【译文】

有人请教「子夏门人问交」这一章。

先生说：「子夏说的是小孩间的交往，子张说的是成人间的交往，如果善于运用，都是正确的。」

【原文】

子仁問：「『學而時習之，不亦説乎』，先儒以學爲效先覺之所爲，如何？」

先生曰：「學是學去人欲，存天理；從事於去人欲，存天理，則自正。諸先覺考諸古訓，自下許多問辨、思索、存省、克治工夫；然不過欲去此心之人欲，存吾心之天理耳。若曰效先覺之所爲，則只説得學中一件事，亦似專求諸外了。『時習』者，坐如尸，非專習坐也，坐時習此心也；立如齋，非專習立也，立時習此心也。説是『理義之説我心』之『説』，人心本自説理義，如目本説色，耳本説聲。惟爲人欲所蔽所累，始有不説。今人欲日去，則理義日洽浹，安得不説？」

【译文】

子仁问：「孔子说『学习并时时复习，这不是很愉快的事吗』，朱熹认为学习是效法先觉者的行为，对吗？」

先生说：「学的意思是学习怎样存养天理、摒除私欲；如果不中断此功夫，则自然能效法。先觉考证先贤的训教，在问辨、思考、存养、反省、克制上下很多功夫。但这些不过是为了存养天理、摒除人欲。如果说是效法先觉者的行为，那么只说了学习中的一件事，似乎是专门在心外探求。『时习』时坐如尸，不是专门学习端坐，而是端坐时修习本心；立如斋不是专门学习站立，而是站立时修习本心。悦是『天理使我心高兴』的『悦』。人心原本就愉悦于天理，像眼睛喜欢颜色，耳朵喜欢声音一样，只因为私欲遮蔽牵累，才有不愉悦。如果私欲一天天被清除，天理一天天滋养身心，又怎么会不高兴呢？」

【原文】

國英問：「曾子三省雖切，恐是未聞一貫時工夫。」

先生曰：「一貫是夫子見曾子未得用功之要，故告之。學者果能忠恕上用功，豈不是一貫？一如樹之根本，貫如樹之枝葉，未種根何枝葉之可得？體用一源，體未立，用安從生？謂曾子於其用處蓋已隨事精察而力行之，但未知其體之一。此恐未盡。」

【译文】

国英问：「曾参每天多次反省自己，虽然很真诚，恐怕是他还没有领会一以贯之时的工夫。」

先生说：「一以贯之是孔子发现曾参没有掌握用功的关键，才告诉他的。学习的人如果能在忠恕上下功夫，难道不是一以贯之？一好比树木的根本，贯就像树木的枝和叶。没有根，哪来树枝和树叶？体和用同源，没有体哪有用？朱熹说曾参对于心的运用，已经可以在事上精确体察并付诸实践，只是他还不知道心的本体和作用是统一的。这样说恐怕也不全面。」

【原文】

黄誠甫問「汝與回也孰愈」章。

先生曰：「子貢多學而識，在聞見上用功；顔子在心地上用功；故聖人問以啓之。而子貢所對又只在知見上，故聖人歎惜之，非許之也。」

【译文】

黄诚甫向先生请教《论语》中「汝与回也孰愈」一章。

先生说：「子贡博学多识，常常在见闻上下功夫；颜回在存养心性上下功夫，所以孔子问他以启发他。但是子贡回答仅停留在知识见解上，所以孔子感叹、惋惜，而不是称赞他。」

【原文】

「顔子不遷怒，不貳過，亦是有未發之中，始能。」

【译文】

先生说：「颜回不迁怒于人，同样的错误不犯两次，这是有了未发之中的功夫才能做到的。」

【原文】

「種樹者必培其根，種德者必養其心。欲樹之長，必於始生時删其繁枝；欲德之盛，必於始學時去夫外好。如外好詩文，則精神日漸漏泄在詩文上去；凡百外好皆然。」

又曰：「我此論學是無中生有的工夫，諸公須要信得及只是立志。學者一念爲善之志，如樹之種，但勿助勿忘，只管培植將去，自然日夜滋

長，生氣日完，枝葉日茂。樹初生時，便抽繁枝，亦須刊落，然後根幹能大；初學時亦然。故立志貴專一。」

【译文】

先生说：「种树必须先培育根，培养德行必须存养心性。要想使树长高，必须在初生时就修剪它的乱枝；想使品德隆盛，必须在开始修习时摒除外在的喜好。比如喜好诗文，那么精神就会渐渐转到诗文上面。其他各种喜好都是这样。」

先生又说：「我这样讨论学问是无中生有的功夫。你们要相信的话，那就必须立志。学习的人有一点立志行善的念头，就像种一棵树，只要不拔苗助长，也不遗忘它，一直培植下去，它自然会天天生长，生机一天天旺盛，枝叶一天天繁茂。树木刚开始生长时发出的乱枝，必须剪除，树根才能长大，树干才能长粗。开始学习时也是这样，所以立志贵在专一。」

【原文】

因論先生之門，某人在涵養上用功，某人在識見上用功。

先生曰：「專涵養者日見其不足，專識見者日見其有餘。日不足者日有餘矣，日有餘者日不足矣。」

【译文】

在分析先生这一门派的弟子时，谈到某人在存心养性上下功夫，某人在知识见闻上下功夫。

先生说：「专心在存养上用功的，每天都发现自己的不足；专门在知识见闻上用功的，每天都发现自己懂得越来越多。每天发现自己不足的人，品德修养每一天都在提高；每天发现自己知识越来越多的人，品德修养却一天天在降低。」

【原文】

梁日孚問：「居敬窮理是兩事，先生以爲一事，何如？」

先生曰：「天地間只此一事，安有兩事？若論萬殊，禮儀三百，威儀三千，又何止兩？公且道居敬是如何？窮理是如何？」

曰：「居敬是存養工夫，窮理是窮事物之理。」

曰：「存養箇甚？」

曰：「是存養此心之天理。」

曰：「如此，亦只是窮理矣。」

曰：「且道如何窮事物之理？」

曰：「如事親便要窮孝之理，事君便要窮忠之理。」

曰：「忠與孝之理在君親身上？在自己心上？若在自己心上，亦只是窮此心之理矣。且道如何是敬？」

曰：「只是主一。」

「如何是主一？」

曰：「如讀書便一心在讀書上，接事便一心在接事上。」

曰：「如此，則飲酒便一心在飲酒上，好色便一心在好色上，卻是逐物，成甚居敬功夫？」

日孚請問。

曰：「一者天理，主一是一心在天理上。若只知主一，不知一即是理，有事時便是逐物，無事時便是著空。惟其有事無事，一心皆在天理上用功，所以居敬亦即是窮理。就窮理專一處説，便謂之居敬；就居敬精密處説，便謂之窮理；卻不是居敬了別有箇心窮理，窮理時別有箇心居敬：名雖不同，功夫只是一事。就如《易》言『敬以直內，義以方外』。敬即是無事時義，義即是有事時敬，兩句合説一件。如孔子言『修己以敬』，即不須言義。孟子言『集義』即不須言敬，會得時橫説豎説工夫總是一般。若泥文逐句，不識本領，即支離決裂，工夫都無下落。」

問：「窮理何以即是盡性？」

曰：「心之體性也，性即理也。窮仁之理，直要仁極仁，窮義之理，真要義極義：仁義只是吾性，故窮理即是盡性。如孟子説充其惻隱之心，至仁不可勝用，這便是窮理工夫。」

日孚曰：「先儒謂一草一木亦皆有理，不可不察，如何？」

先生曰：「夫我則不暇。公且先去理會自己性情，須能盡人之性，然後能盡物之性。」

日孚悚然有悟。

【译文】

梁日孚问：「程朱学派认为居敬、穷理是两件事，先生却认为是一件事，为什么？」

先生说：「天地之间只有一件事，怎么能有两件事呢？如果说到具体事物的千差万别，则礼仪有三百，威仪有三千，又何止两个？你且说说居敬是什么，穷理又是什么？」

梁日孚说：「居敬是存养的功夫，穷理是研讨事物的道理。」

先生说：「存养什么？」

梁日孚说：「存养心中的天理。」

先生说：「这样解释，居敬也就是穷理了。」

又说：「你再说说如何研究事物的道理？」

梁日孚说：「若是侍奉双亲就要搞通孝顺的道理，辅助君主就要明白尽忠的道理。」

先生说：「忠和孝的道理是在国君、双亲身上，还是在自己的心里？如果在自己心里，也

仅仅是穷此心的道理。你再说说什么是居敬？」

梁日孚说：「居敬就是主一。」

（先生说：）「怎么才算是主一？」

梁日孚说：「比如读书就全神贯注在读书上，做事就全身心在做事上。」

先生说：「如此说来，喝酒就一心扑在喝酒上，好色就一心扑在好色上，这是追求物欲，算什么居敬功夫？」

梁日孚向先生请教，怎样才是主一的功夫？

先生说：「一就是天理，主一是一心一意在天理上。如果只知道主一，却不知道一就是天理，那么有事时便是追求物欲，无事时便胡乱瞎想。真正的主一是有事无事心都只在天理上下功夫，因此居敬就是穷理。就穷理的专一来说，穷理就是居敬；就居敬的精细来说，居敬就是穷理。而不是所谓居敬的同时还有一个心去穷理，穷理时另有一个心去居敬：两者名字虽不同，功夫却是一回事。就像《易经》中说的那样『以敬存心而内直，以义行事而外方』。敬就是无事时的义，义就是有事时的敬，两句话说的是同一件事。所以孔子说『恭恭敬敬地修养自己』时，就不必说义。孟子谈『积累善德使行为合于正义』时，也不必说敬。明白了其内涵，不管怎么去说，工夫都是一样。如果拘泥于文句，不知根本，就会把完整的东西割裂得支离破碎，不知从什么地方入手下工夫。」

梁日孚问：「穷尽天理为什么是彻底发挥天性呢？」

先生说：「心的本体就是天性，天性就是天理。穷尽仁的道理，就是使仁成为至仁；穷尽义的道理，就是使义成为至义。仁、义是人的天性，所以穷理就是尽性，像孟子所说扩充恻隐之心到仁的程度，就会用之不竭，这就是穷理的功夫。」

梁日孚说：「程颐先生说一草一木也都体现着天理，不能不仔细研究，这是什么意思呢？」

先生说：「借用孔子的话说就是我没那闲功夫，你先去修养自己的性情，只要能穷尽人的本性，然后就能穷尽事物的道理。」

梁日孚猛然有所省悟。

【原文】

惟乾問：「知如何是心之本體？」

先生曰：「知是理之靈處。就其主宰處說，便謂之心；就其稟賦處說，便謂之性。孩提之童無不知愛其親，無不知敬其兄，只是這箇靈能不爲私欲遮隔，充拓得盡，便完完是他本體，便與天地合德。自聖人以下不能無蔽，故須格物以致其知。」

【译文】

惟乾问：「知为何是心的本体？」

先生说：「知是天理的奇妙表现，从它的主宰来说就是心，从它的先天禀赋来说就是性。儿童没有不知道热爱父母、尊敬兄长的，只要这个灵性不被私欲蒙蔽，能充分发挥出来，这便完全是心的本体，与天地的德性合一。除了圣人，别的人不能不被蒙蔽，所以必须通过格物以达到良知。」

【原文】

守衡問：「《大學》工夫只是誠意，誠意工夫只是格物，修、齊、治、平，只誠意盡矣，又有正心之功，『有所忿懥好樂，則不得其正』，何也？」

先生曰：「此要自思得之，知此則知未發之中矣。」

守衡再三請。

曰：「爲學工夫有淺深。初時若不著實用意去好善惡惡，如何能爲善去惡？這著實用意便是誠意。然不知心之本體原無一物，一向著意去好善惡惡，便又多了這分意思，便不是廓然大公。《書》所謂無有作好作惡，方是本體。所以説『有所忿懥好樂，則不得其正』。正心只是誠意工夫裏面體當自家心體，常要鑒空衡平，這便是未發之中。」

【译文】

守衡问：「《大学》的功夫就是诚意，诚意的功夫就是格物。修身、齐家、治国、平天下的功夫，一个诚意就全包括了。可是《大学》中又有正心的功夫，说『心中有怨愤喜好就失去了心的中正』，这是为什么？」

先生说：「这要自己思考才能明白，明白了这一点就知道了未发之中了。」

守衡再三请教。

先生说：「做学问的功夫有深有浅，刚开始时如果不着实用心好善厌恶，怎么能为善除恶？这着实用心就是为了达到诚意的境界。但是经过一番修习后，还不知道心的本体原本是纯净无物的，一直执著于扬善憎恶，心里就多了有意为善憎恶的成分，人心本体就不再广阔坦荡中正平和了。像《尚书》中所说的不有意为善为恶，才是心的本体。因此《大学》才说『有所忿懥好乐，则不得其正』。正心只是在诚意中体察自己心的本体，使它经常像镜子一样明亮、像秤一样平稳，这就是未发之中。」

【原文】

正之問：「戒懼是己所不知時工夫，慎獨是己所獨知時工夫，此説如何？」

先生曰：「只是一箇工夫，無事時固是獨知，有事時亦是獨知。人若

不知於此獨知之地用力，只在人所共知處用功，便是作僞，便是見君子而後厭然。此獨知處便是誠的萌芽，此處不論善念惡念，更無虚假，一是百是，一錯百錯。正是王霸、義利、誠僞、善惡界頭。於此一立立定，便是端木澄源，便是立誠。古人許多誠身的工夫，精神命脈全體只在此處。真是莫見莫顯，無時無處，無終無始，只是此箇工夫。今若又分戒懼爲己所不知，即工夫便支離，亦有間斷。既戒懼即是知，己若不知，是誰戒懼？如此見解，便要流入斷滅禪定。」

曰：「不論善念惡念，更無虚假，則獨知之地更無無念時邪？」

曰：「戒懼亦是念，戒懼之念無時可息。若戒懼之心稍有不存，不是昏聵，便已流入惡念。自朝至暮，自少至老，若要無念，即是己不知，此除是昏睡，除是槁木死灰。」

【译文】

黄弘纲问：「戒惧是自己不知道时下的工夫，慎独是独处时下的工夫，这话对吗？」

先生说：「两者是同一个工夫。没事时固然是独知，有事时也是独知。人如果不在独知上下工夫，只在大家都知道时下工夫，这是作假，就是见到君子后收敛自己的恶行。这独知的地方便是真诚的发端，这时不管善念恶念，没有一丝虚假，一对都对，一错都错，是所谓王道和霸道、

义和利、诚和伪、善与恶的界线。在这里坚定志向，就是正本清源，就是立志虔诚。古人许多诚身的功夫，其精神实质全都在于此。不显不见，无时无地，无始无终，都是这个功夫。现在如果又区分戒惧是自己不知时的功夫，那么便把功夫肢解了，中间就有隔断。既然戒惧，就是自己知道时的功夫，如果自己不知道，那是谁在戒惧？这样的见解，就会沦入佛家批评的断灭禅定。」

黄弘纲说：「不管善念恶念，毫无虚假，那么独处时，就没有无思无虑的时候吗？」

先生说：「戒惧也是意念，戒惧的意念永不间断。如果戒惧的意念稍有不存，人心不是糊涂，就是被恶念所占据。从早到晚，从小到老，如果没有意念，就是自己没有知觉，这除非是昏睡，除非是身如槁木，心同死灰。」

【原文】

志道問：「荀子云『養心莫善於誠』，先儒非之，何也？」

先生曰：「此亦未可便以爲非。誠字有以工夫説者：誠是心之本體，求復其本體，便是思誠的工夫。明道説『以誠敬存之』，亦是此意。《大學》『欲正其心，先誠其意』。荀子之言固多病，然不可一例吹毛求疵。大凡看人言語，若先有箇意見，便有過當處。『爲富不仁』之言，孟子有取於陽虎，此便見聖賢大公之心。」

【译文】

志道问："荀子说『养心最好的办法就是思诚』，程子认为不对，为什么？"

先生说："这也不能就认为不对。诚字也可以从存养身心的功夫上来理解：诚是心的本体，要恢复心的本体，就是思诚的功夫。程颢先生说『用诚敬的心存养它』，也是这个意思。《大学》说『要端正人心，必须先端正他的思想』，也是如此。荀子的话有不少毛病，但不能一概吹毛求疵。一般来说，看待别人的话，如果事先就有偏见，就会出现不公正的现象。『为富不仁』一词，就是孟子引用阳虎的话，由此可见圣贤的大公无私之心。"

【原文】

蕭惠問："己私難克，奈何？"

先生曰："將汝己私來，替汝克。"先生曰："人須有爲己之心，方能克己；能克己，方能成己。"

蕭惠曰："惠亦頗有爲己之心，不知緣何不能克己？"

先生曰："且説汝有爲己之心是如何？"

惠良久曰："惠亦一心要做好人，便自謂頗有爲己之心。今思之，看來亦只是爲得箇軀殼的己，不曾爲箇真己。"

先生曰："真己何曾離軀殼？恐汝連那軀殼的己也不曾爲。且道汝所謂軀殼的己，豈不是耳、目、口、鼻、四肢？"

惠曰："正是。爲此，目便要色，耳便要聲，口便要味，四肢便要逸樂，所以不能克。"

先生曰："『美色令人目盲，美聲令人耳聾，美味令人口爽，馳騁田獵令人發狂』，這都是害汝耳、目、口、鼻、四肢的，豈得是爲汝耳、目、口、鼻、四肢？若爲著耳、目、口、鼻、四肢時，便須思量耳如何聽，目如何視，口如何言，四肢如何動；必須非禮勿視、聽、言、動，方纔成得箇耳、目、口、鼻、四肢，這箇纔是爲著耳、目、口、鼻、四肢。汝今終日向外馳求，爲名爲利，這都是爲著軀殼外面的物事。汝若爲著耳、目、口、鼻、四肢，要非禮勿視、聽、言、動時，豈是汝之耳、目、口、鼻、四肢自能勿視、聽、言、動？須由汝心。這視、聽、言、動皆是汝心：汝心之視，發竅於目；汝心之聽，發竅於耳；汝心之言，發竅於口；汝心之動，發竅於四肢。若無汝心，便無耳、目、口、鼻。所謂汝心，亦不專是那一團血肉。若是那一團血肉，如今已死的人，那一團血肉還在，緣何不能視、聽、言、動？所謂汝心，卻是那能視、聽、言、動的，這箇便是性，便是天理。有這箇性纔能生。這性之生理便謂之仁；這性之生理，發在目便會視，發在耳便會聽，發在口便會言，發在

四肢便會動，都只是那天理發生，以其主宰一身，故謂之心。這心之本體，原只是箇天理，原無非禮，這箇便是汝之真己。這箇真己是軀殼的主宰。若無真己，便無軀殼，真是有之卽生，無之卽死。汝若真爲那箇軀殼的己，必須用著這箇真己，便須常常保守著這箇真己的本體，戒慎不睹，恐懼不聞，惟恐虧損了他一些；纔有一毫非禮萌動，便如刀割，如針刺，忍耐不過，必須去了刀，拔了針，這纔是有爲己之心，方能克己。汝今正是認賊作子，緣何卻說有爲己之心，不能克己？」

【译文】

萧惠问：「自己的私欲难以去除，该怎么办？」

先生说：「把你的私欲拿来，我替你克服。」先生说：「人一定要有为自己的心才能克制私欲，才能成全自己。」

萧惠说：「我也很有为自己的心，却不知为何不能战胜私欲？」

先生说：「你先说说你为自己的心是什么？」

萧惠沉思很久才说：「我一心想做个好人，就自以为很有为自己的心。现在想来，也只是为一个躯体的自己，而不是为真正的自己。」

先生说：「真正的自己什么时候离开过躯体？恐怕连自己的躯体你也不曾为过。再说你所说的躯体的自己，难道不是耳、目、口、鼻和四肢吗？」

萧惠说：「是啊，眼要看美色，耳朵要听美音，嘴要品尝美味，四肢要安逸享乐，因此不能克制私欲。」

先生说：「『美色使人眼瞎，美声使人耳聋，美味使人口味败坏，骑马打猎使人疯狂』，这都是危害你的耳、目、口、鼻、四肢的，怎么是满足你的耳、目、口、鼻、四肢呢？如果为耳、目、口、鼻、四肢，就应该考虑耳朵怎么听，眼怎么看，口怎么说，四肢怎么运动，只有符合礼仪的不看、不听、不说、不做，这才是实现它们的功用，满足它们的要求。你现在每天向心外探求，求名求利，这都是为了心外的物欲。你如果是为了耳、目、口、鼻、四肢，就应该不看、不听、不说、不做违背礼仪的事。难道它们自己能不看、不听、不说、不做吗？这是由你的心决定的，看、听、说、做就是你的心在活动。你的心通过眼睛去看，通过耳朵去听，通过嘴巴去说，通过四肢去活动。如果没有心的指挥，就没有耳、目、口、鼻的活动。所谓你的心，也不专指那一块血肉，若专指那一块血肉，现在已经死去的人，它的那一块血肉还在，怎么不能去看、去听、去说、去做？所以你的心就是那个能看、能听、能说、能做的心，这就是人性，就是天理。有了这个性才会产生性的生理，这就是仁。人性的生理表现在眼睛便能看，表现在耳朵就能听，表现在嘴巴就能说，表现在四肢就能动，这都是天理在起作用。因为它主宰人的身体，所以称之为心。心的本体，原本就是天理，原本没有违背人性天理的地方。这才是你的真我，这个真我是身体的主宰。若没有真我就

没有躯体，有了它人就有生命，没有它人就会死去。你如果真为自己的躯体，就必须依靠真我，经常存养真我的本体，在独处时谨慎敬戒，在别人听不见时也恐慌畏惧，唯恐对其有一丝伤害。于是，有一丝违背礼仪的念头萌生，就像针刺、刀割，疼痛难忍，必须去刀拔针，这才是有为自己的心，才能战胜自己的私欲。你现在认贼作子，为何却说有为自己的心，而不能战胜自己呢？」

【原文】

有一學者病目，戚戚甚憂。先生曰：「爾乃貴目賤心。」

【译文】

有一个学者眼睛有病，非常担忧，先生说：「你这是看重眼睛而轻视本心。」

【原文】

蕭惠好仙、釋。

先生警之曰：「吾亦自幼篤志二氏，自謂既有所得，謂儒者爲不足學。其後居夷三載，見得聖人之學若是其簡易廣大，始自歎悔錯用了三十年氣力。大抵二氏之學，其妙與聖人只有毫釐之間。汝今所學乃其土苴，輒自信自好若此，真鴟鴞竊腐鼠耳！」

惠請問二氏之妙。

先生曰：「向汝說聖人之學簡易廣大，汝卻不問我悟的，只問我悔的。」

惠慚謝，請問聖人之學。

先生曰：「已與汝一句道盡，汝尚自不會！」

【译文】

萧惠喜好佛、道。

先生提醒他说：「我从小专注于佛、道，自认为颇有所得，认为儒学不值得学。后来我在贵州龙场待了三年，领悟了圣人的学说是如此简易广大宏深，才开始感叹后悔自己错花了三十年的功夫。大致说来，佛道两家的学说，其精妙处与圣人之学差别甚小。你现在所学的不过是佛道两家的糟粕，却还自信喜好到这种程度，真像猫头鹰捉到了一只腐鼠。」

萧惠请教佛道两家的精妙之处。

先生说：「刚给你说过圣人之学简易广大宏深，你不问我所领悟的，却只问我所后悔的。」

萧惠向先生道歉，请教圣人之学。

先生说：「已经一句话对你说完了，你还不明白！」

【原文】

劉觀時問：「未發之中是如何？」

先生曰：「汝但戒慎不覩，恐懼不聞，養得此心純是天理，便自然見。」

觀時請略示氣象。

先生曰：「啞子吃苦瓜，與你説不得。你要知此苦，還須你自吃。」時曰仁在傍，曰：「如此纔是真知，卽是行矣。」一時在座諸友皆有省。

【译文】

刘观时问：「未发之中是什么样？」

先生说：「你只要戒慎不睹，恐惧不闻，存养己心至纯至精为天理，自然就明白了。」

刘观时请先生简单说明一下未发之中的状态。

先生说：「哑巴吃苦瓜，给你没法说，你要想知道苦瓜的苦味，还得你自己去品尝。」

这时徐爱在旁边说：「这才是真正的认识，也就是实践。」

一时间在座的同学们都有所省悟。

【原文】

蕭惠問「死生之道」。

先生曰：「知晝夜卽知死生。」

問「晝夜之道」。

曰：「知晝則知夜。」

曰：「晝亦有所不知乎？」

先生曰：「汝能知晝？懵懵而興，蠢蠢而食，行不著，習不察，終日昏昏，只是夢晝。惟息有養，瞬有存，此心惺惺明明，天理無一息間斷，纔是能知晝。這便是天德，便是通乎晝夜之道，而知更有甚麼死生？」

【译文】

萧惠请教「生死的道理」。

先生说：「明白昼夜变化就知道生死。」

于是萧惠问「昼夜更替的道理」。

先生说：「知道白天就知道黑夜。」

萧惠说：「白天也有不知道的吗？」

先生说：「你能知道白昼吗？迷迷糊糊起床，傻乎乎吃饭，开始不明白是怎么回事，习惯后仍不知为什么这样，一天到头昏昏沉沉，这只是大白天在睡觉做梦。只有时刻不忘存养本心，保持本心的清醒明白，天理没有瞬间中断，才是能明白白昼。这就是天理，明白了昼夜更替的道理，还有什么生死问题不明白呢？」

【原文】

馬子莘問：「修道之教，舊説謂『聖人品節，吾性之固有，以爲法於天下，若禮、樂、刑、政之屬』，此意如何？」

先生曰：「道卽性卽命，本是完完全全，增減不得，不假修飾的，何須要聖人品節？卻是不完全的物件。禮、樂、刑、政是治天下之法，固亦可謂之教，但不是子思本旨。若如先儒之説，下面由教入道的，緣何舍了聖人禮、樂、刑、政之教，別說出一段戒慎恐懼工夫？卻是聖人之教爲虛設矣。」

子莘請問。

先生曰：「子思性、道、教，皆從本原上說天命。於人則命便謂之性；率性而行，則性便謂之道；修道而學，則道便謂之教。率性是誠者事，所謂自明誠謂之性也；修道是誠之者事，所謂自明誠謂之教也。聖人率性而行，卽是道。聖人以下，未能率性於道，未免有過不及，故須修道。修道則賢知者不得而過，愚不肖者不得而不及，都要循著這箇道，則道便是箇教。此『教』字與『天道至教，風雨霜露無非教也』之『教』同。『修道』字與『修道以仁』同。人能修道，然後能不違於道，以復其性之本體，則亦是聖人率性之道矣。下面『戒慎恐懼』便是修道的工夫，『中和』便是復其性之本體，如《易》所謂窮理盡性以至於命，中和位育便是盡性至命。」

【译文】

马子莘问：「修道之教，朱熹说是『圣人评价和规定我们人性中固有的道，作为世人遵守的规范，如礼、乐、刑、政等』，这种说法对吗？」

先生说：「道就是人性，就是天命。道本身完全圆满，不需修饰，无须增减，何必要圣人评价、规定？只有不圆满的东西才需评价、规定。礼、乐、刑、政是治理天下的制度，固然也可以说具有教化的功能，但不是子思所说的教的原义。如果按朱熹所说，中下资质的人通过教化才能体悟天道，为何舍弃圣人的礼、乐、刑、政的教化，而另讲一套戒慎恐惧的功夫？这是把圣人的教诲当作摆设了。」

马子莘向先生请教。

先生说：「子思所说的性、道、教，都是从根本上说的天命。在人那么命就是性；按照人性而实践，那么性就是道；为体悟天道而去学习，那么道就是教。真正按照天性而行，只有那些心地符合天道的人才能做到，就是《中庸》里所说的自诚明谓之性。为体悟天道而去学习，是那些希望能遵行天道的人需要做的事，就是《中庸》里所说的自明诚谓之教。圣人按自己的天性而行，就是行天道。圣人以下的人不能按照天性而行，对于天道难免有过分或不足的地方，所以必须修道。通过修行体悟天道，贤明的人就不会做过了头，愚蠢及才能低下的人就不会出现做得欠缺的情况，而都会遵循天道，那么天道就有教化的意思。这个『教』字和『天道至教，风雨霜露，无非教也』的『教』相同。『修道』两个字也与『修道以仁』的修道相同。人能修养体悟天道，不违背天道，恢复其天性的本体，那就也与圣人率性之道一样了。《中庸》后面所说的『戒慎

恐惧』就是修道的功夫，『中和』就是恢复其天性的本体。就像《易经》中所说的穷理尽性以至于命，中和位育就是充分发挥天性，完全遵照天命行事。」

【原文】

黄誠甫問：「先儒以孔子告顔淵爲邦之問，是立萬世常行之道，如何？」

先生曰：「顔子具體聖人，其於爲邦的大本大原都已完備。夫子平日知之已深，到此都不必言，只就制度文爲上説。此等處亦不可忽略，須要是如此方盡善。又不可因自己本領是當了，便於防範上疏闊，須是要放鄭聲，遠佞人。蓋顔子是箇克己向裏、德上用心的人，孔子恐其外面末節或有疏略，故就他不足處幫補説。若在他人，須告以爲政在人，取人以身，修身以道，修道以仁，達道九經及誠身許多工夫，方始做得，這箇方是萬世常行之道。不然，只去行了夏時，乘了殷輅，服了周冕，作了《韶》《武》，天下便治得？後人但見顔子是孔門第一人，又問箇『爲邦』，便把做天大事看了。」

【译文】

黄诚甫问：「朱熹认为孔子回答颜回关于治国的话，是为万世确立了治国的根本原则，这话对吗？」

先生说：「颜渊大体上具备了圣人的素质，他对治国安邦的总的方法原则都已掌握。孔子平时就很了解他，在这里就没有必要再说那么多，只就典章制度方面谈了谈，当然这方面也不能忽略，加上这些才算完善。不要因为自己的才能胜任治国安邦了，就疏于防范克制，必须禁止郑国那样的靡靡之音，远离阿谀奉迎的小人。大概由于颜渊是个严于律己、性格内向、注重德行的人，孔子担心他在制度的细节上有所疏漏，便就他不足的地方加以补充提示。如果对其他人，孔子肯定会告诉他为政在人，取人以身，修身以道，修道以仁，达道九经以及诚身等许多功夫，这样才能把国家治理好。上面说的这些才是千秋万代常行的准则。如若不然，仅仅推行夏朝的历法，乘坐商朝的辂车，穿上周朝的服饰，听《韶》、《武》那样的音乐，天下就能治理好？后世的人只知颜渊是孔子最出色的弟子，又问了『如何治国的道理』，就把孔子有针对性的回答当做教条了。」

【原文】

蔡希淵問：「文公《大學》新本，先格致而後誠意工夫，似與首章次第相合。若如先生從舊本之説，卽誠意反在格致之前，於此尚未釋然。」

先生曰：「《大學》工夫卽是明明德，明明德只是箇誠意，誠意的工夫只是格物致知。若以誠意爲主，去用格物致知的工夫，卽工夫始有下落，

卽爲善去惡無非是誠意的事。如新本先去窮格事物之理，卽茫茫蕩蕩，都無著落處；須用添箇敬字方纔牽扯得向身心上來，然終是没根源。若須用添箇敬字，緣何孔門倒將一箇最要緊的字落了，直待千餘年後要人來補出？正謂以誠意爲主，卽不須添敬字，所以提出箇誠意來説，正是學問的大頭腦處。於此不察，直所謂毫釐之差，千里之謬。大抵《中庸》工夫只是誠身，誠身之極便是至誠；《大學》工夫只是誠意，誠意之極便是至善：工夫總是一般。今説這里補箇敬字，那里補箇誠字，未免畫蛇添足。」

【译文】

蔡希渊问：「朱熹先生修改过的《大学》中，先有格物致知，后有诚意工夫，似乎和《大学》第一章的内容次序相符合。如果依先生遵从旧本的观点，那么诚意反而在格物致知之前，对此我尚未明白。」

先生说：「《大学》中讲的工夫就是明明德，明明德就是诚意，诚意的工夫就是格物致知。如果以诚意为宗旨去下格物致知的功夫，功夫才有落脚点。就是说，行善去恶无非是诚意的事情。如果像朱熹先生新本说的那样，先去透彻地研究事物的道理，那么功夫就会茫无边际，没有落脚点。必须增加一个敬字，才能把功夫拉到自己的身心上来，但这终究缺乏根基。如果必须增加一个敬字，为什么孔子及其弟子却把这一最重要的字丢掉了，要等到千年之后让别人增添？而如果以诚意为根本，就不需要增添敬字。所以要提出一个诚意来，这正是做学问的根本出发点。不明白这一点，就真的是差之毫厘，谬之千里了。大体上来说，《中庸》讲的功夫就是诚身，诚身的最高境界就是至诚；《大学》中讲的功夫就是诚意，诚意的最高境界就是至善：它们所讲的修养功夫都是相同的。如果在这里加个敬字，那里加个诚字，未免画蛇添足。」

中　卷

【原文】

錢德洪序

德洪曰：「昔南元善刻《傳習録》於越，凡二册。下册摘録先師手書，凡八篇。其答徐成之二書，吾師自謂：『天下是朱非陸，論定既久，一旦反之爲難，二書姑爲調停兩可之説，使人自思得之。』故元善録爲下册之首者，意亦以是歟？今朱、陸之辨明於天下久矣。洪刻先師《文録》置二書於《外集》者，示未全也，故今不復録。其餘指『知行之本體』，莫詳於答人論學與答周道通、陸清伯、歐陽崇一四書；而謂『格物爲學者用力日可見之地』，莫詳於答羅整庵一書。平生冒天下之非詆推陷，萬死一生，遑遑然不忘講學，惟恐吾人不聞斯道，流於功利機智，以日墮於夷狄禽獸，而不覺其一體同物之心。譊譊終身，至於斃而後已：此孔、孟已來賢聖苦心，雖

門人子弟未足以慰其情也。是情也，莫詳於答聶文蔚之第一書。此皆仍元善所録之舊。而揭『必有事焉卽致良知功夫，明白簡切，使人言下卽得入手』，此又莫詳於答文蔚之第二書，故增録之。元善當時洶洶，乃能以身明斯道，卒至遭姦被斥，油油然惟以此生得聞斯學爲慶，而絶無有纖芥憤鬱不平之氣。斯録之刻，人見其有功於同志甚大，而不知其處時之甚艱也。今所去取，裁之時義則然，非忍有所加損於其間也。」

【译文】

德洪谨记：「从前南大吉在浙江刻印《传习录》上、下两册，下册收录了先生的八篇书信。在回答徐成之的两封信中，先生自己说：『世间肯定朱熹否定陆九渊，这种局面由来已久，很难一下改变过来，这两封信就是试图调和两家学说，使人通过自己的思考得出正确结论。』南大吉把这两封放在下册的卷首，其目的就是如此。现在，朱、陆二人的争论早已大白于天下。我刻印先生的文录时，把这两封信放在《外集》中，以表明信中思想观点还不完善，本次刻印就不再收录。其余有关『知行本体』方面的记述，最详细的莫过于回答顾东桥、周道通、陆原静、欧阳崇一等的四封信；而论述学者『日常学习用功的格物理论』，最详细最集中的是回答罗整庵的信。先生一生不顾天下的责难、诋毁和陷害，于九死一生中始终不忘坚持传播自己的学说，是唯恐我们不了解他的学说，沦入追逐功利和计谋之中，以至于一天天堕落到与蒙昧之徒及飞禽走兽为伍，而不能领悟他的天地万物为一体的思想。先生终生都在为此大声疾呼，直至死而后已：这是孔孟以来圣贤的良苦用心，就是门人学生也不足以宽慰他的情怀。在回答聂文蔚的第一封信中，这种情怀表现最强烈。这几封信仍按南大吉先生的版本刊刻。而揭示孟子所说的『必有事焉就是致良知功夫的论述，简单明了，使人一听就能入门』，讲得最详细的又莫过于答聂文蔚的第二封信，所以这次增补进来。南大吉在当时天下群起攻击先生、处境十分艰难的情况下，能够奋不顾身地弘扬先生的学说，以至于最后遭到奸臣的排挤而被罢免，但他欣然以此生能接受先生的学说为幸事，心中无丝毫愤怒郁闷的不平之气。他刻印《传习录》，一般人只看到它对同学们的学习帮助很大，而不知道他当时处境的艰难。我这次刻印时对其版本所作的取舍，是出于目前情况的考虑，而不是故意要有所增删。」

【原文】

答顧東橋書

來書云：「近時學者務外遺内，博而寡要。故先生特倡『誠意』一義，針砭膏肓，誠大惠也。」

吾子洞見時弊如此矣，亦將何以救之乎？然則鄙人之心，吾子固已一句道盡，復何言哉？復何言哉！若「誠意」之説，自是聖門教人用功第一義，但近世學者乃作第二義看，故稍與提掇係要出來，非鄙人所能特倡也。

【译文】

你来信说：「当今的学者注重外在知识学问的追求而忽略存养本心，知识虽广却不得要害。所以先生特别强调『诚意』这一点，以治疗这些病入膏肓的学者，这对他们真是大有裨益呀！」

你对时弊洞若观火，打算怎样匡正呢？我的思想观点，你已经一语道破，我还用再说什么？我还用再说什么！至于「诚意」的理论，原来就是圣人教人用功的根本出发点，但是近代的学者却把它看作是次要的事，放到第二位，所以我才稍微把它的重要性提示出来，并不是我本人的特别提倡。

【原文】

來書云：「但恐立説太高，用功太捷，後生師傳，影響謬誤，未免墜於佛氏明心見性、定慧頓悟之機，無怪聞者見疑。」

區區「格、致、誠、正」之説，是就學者本心日用事爲間，體究踐履，實地用功，是多少次第、多少積纍在，正與空虛頓悟之説相反。聞者本無求爲聖人之志，又未嘗講究其詳，遂以見疑，亦無足怪。若吾子之高明，自當一語之下便了然矣！乃亦謂立説太高，用功太捷，何邪？

【译文】

你信中说：「只恐怕先生的学说立论太高，实践起来又太方便简捷，学生们相互传承时出现

错误，不免沦入佛教的明心见性、定慧顿悟的禅机中，这也难怪听了先生学说的人会产生怀疑。」

我关于「格物、致知、诚意、正心」的学说，是指学者的本心要在日常行事中间体察、探求、实践、落实，实实在在地下功夫，中间可是有很多阶段、很多积累啊！这正与佛学的禅静顿悟相反。听到我的学说的人本没有做圣人的志向，又没有仔细研究我的思想，于是产生疑问，这并不奇怪。像你这样聪慧高明的人，对我的思想本来应该是一点就透，却为什么也说我立论太高，用功太捷呢？

【原文】

來書云：「所喻知行并進，不宜分别前後，卽《中庸》尊德性而道問學之功交養互發、内外本末一以貫之之道。然工夫次第，不能無先後之差，如知食乃食，知湯乃飲，知衣乃服，知路乃行。未有不見是物，先有是事。此亦毫釐倏忽之間，非謂截然有等今日知之而明日乃行也。」

既云「交養互發、内外本末一以貫之」，則知行并進之説無復可疑矣。又雲「工夫次第，不能無先後之差」，無乃自相矛盾已乎？「知食乃食」等説，此尤明白易見，但吾子爲近聞障蔽，自不察耳。夫人必有欲食之心，然後知食。欲食之心卽是意，卽是行之始矣。食味之美惡必待入口而後知，豈有不待入口而已先知食味之美惡者邪？必有欲行之心，然後知

路：欲行之心即是意，即是行之始矣。路岐之險夷，必待身親履歷而後知，豈有不待身親履歷而已先知路岐之險夷者邪？「知湯乃飲」「知衣乃服」，以此例之，皆無可疑。若如吾子之喻，是乃所謂不見是物而先有是事者矣。吾子又謂「此亦毫釐倏忽之間，非謂截然有等今日知之而明日乃行也」，是亦察之尚有未精。然就如吾子之説，則知行之爲合一並進，亦自斷無可疑矣。

【译文】

你信中说：「你所讲的知行齐头并进，不应该区分先后，就是《中庸》所说的尊德性而道问学这两种功夫互相存养、互相促进，本心和外物始终如一，不可分割。但是修行功夫有一个顺序，不可能没有先后的差别，例如认识到食才吃，认识到汤才喝，认识到衣才穿，认识到路才走。不可能还没见到这个东西就先有这个行为。这中间先后差别是瞬间毫厘的，并不是像今天认识了，明天才去实践那样截然分明。」

既然说「交养互发、内外本末一以贯之」，那么知行齐头并进的说法没有什么可怀疑的了。你又说「修行功夫有一个顺序，不可能没有先后差别」，这难道不是自相矛盾吗？「知食乃食」等说法，尤其明白易懂，但是你被朱熹的观点所蒙蔽，而自己没有觉察。人必然是有想吃的心，然后认识食物：想吃的心就是意念，就是实践的开始。食物味道好坏如何，必须等吃过才知道，哪有不放入口中就先知道食物味道好坏的？一定有想走的心，然后才认识路；想走的心就是意念，就是行走的开始。道路的艰险与平坦，必须亲自走过才会知道，哪有不走就先知道道路的艰险或平坦的？「知汤乃饮」「知衣乃服」，以此类推，都没有什么可怀疑的。如果像你所说的那样，才正是不见是物而先有是事。你又说「此亦毫厘倏忽之间，非谓截然有等，今日知之而明日乃行也」，这是你省察还不够精确。然而就你所说的这些来看，知行齐头并进也肯定没什么可怀疑的。

【原文】

來書云：「真知即所以爲行，不行不足謂之知，此爲學者吃緊立教，俾務躬行則可。若真謂行即是知，恐其專求本心，遂遺物理，必有暗而不達之處，抑豈聖門知行並進之成法哉？」

知之真切篤實處即是行，行之明覺精察處即是知。知行工夫本不可離。只爲後世學者分作兩截用功，失卻知行本體，故有合一並進之説。真知即所以爲行，不行不足謂之知，即如來書所云「知食乃食」等説可見，前已略言之矣。此雖吃緊救弊而發，然知行之體本來如是，非以己意抑揚其間，姑爲是説以苟一時之效者也。

「專求本心，遂遺物理」，此蓋失其本心者也。夫物理不外於吾心，外

吾心而求物理，無物理矣；遺物理而求吾心，吾心又何物邪？心之體，性也；性卽理也。故有孝親之心，卽有孝之理，無孝親之心，卽無孝之理矣；有忠君之心，卽有忠之理，無忠君之心，卽無忠之理矣。理豈外於吾心邪？晦庵謂：「人之所以爲學者，心與理而已。」心雖主乎一身，而實管乎天下之理，理雖散在萬事，而實不外乎一人之心，是其一分一合之間，而未免已啓學者心理爲二之弊。此後世所以有專求本心，遂遺物理之患，正由不知心卽理耳。夫外心以求物理，是以有闇而不達之處；此告子「義外」之説，孟子所以謂之不知義也。心，一而已。以其全體惻怛而言謂之仁，以其得宜而言謂之義，以其條理而言謂之理；不可外心以求仁，不可外心以求義，獨可外心以求理乎？外心以求理，此知行之所以二也。求理於吾心，此聖門知行合一之教，吾子又何疑乎？

【译文】

你信中说：「真正的认识是能够实践的，不能实践则不能叫认识，这是给学者提出的重要而实在的要求，目的是使他们脚踏实地付诸实践。如果真的认为实践就是认识，恐怕人们专门探究本心，而遗弃了事物的道理，这样就会有不明和不通的地方，这难道是圣学知行并进的既定方法吗？」

认知确切付诸行动就是实践，实践之后明白体察就是认识。知行两者的功夫原来就不可分开，只因为后世的学者把二者截然分开，失去了知行的本体，所以才有知行合一并进的说法。真正的认识是能够实践的，不能实践就不能叫认识，这从你信中「知食乃食」等说法就可以明白，前面已简单说过了。这虽然是紧急纠正时弊才提出的，不过知行的本体就是如此，不是我为了用自己的观点来褒贬而草率地提出这一说法，以追求一时的效果。

「专门探求本心，遗弃外物的道理」，这大概正是失去了本心。事物的道理不在本心之外，在心外探求也就得不到事物的道理。遗弃事物的道理而专门探求本心，人的本心又是什么呢？心的本体是人性，人性就是天理。所以，有孝顺父母的心就有孝顺父母的道理，没有孝顺父母的心就没有孝顺父母的道理；有忠君的心就有忠君的道理，没有忠君的心就没有忠君的道理。天理难道存在于人心之外吗？朱熹认为：「人之所以从事学习，是因为有心和理存在。」心虽然是全身的主宰而实际上统管着天下万物的道理，理虽然体现在万事万物上而实际上存在于人心之中，他这样把心和理先分开再合并起来，未免产生使学者把心与理看成是两件事的弊病。后来的人之所以有专求本心，遂遗物理的错误，正是由于不知人心就是天理。在心外探求事物的道理，就会有不明和不通的现象，这实际就是告子的「义外」观点，而孟子也因此批评告子不懂得什么是义。心是一个整体，以它对所有的恻隐之情而言就是仁，以它合乎时宜而言就是义，以它有条理而言就是理。不能在心外探求仁、义，难道可以单独在心外探求理吗？在心外探求

理，这就是把知行视为两件事。在自己的心里寻求理，这正是圣学知行合一的教诲，你又有什么疑惑呢？

【原文】

來書云：「所釋《大學》古本，謂致其本體之知，此固孟子盡心之旨。朱子亦以虛靈知覺爲此心之量。然盡心由於知性，致知在於格物。」

「盡心由於知性，致知在於格物」，此語然矣。然而推本吾子之意，則其所以爲是語者，尚有未明也。朱子以盡心、知性、知天爲格物知致，以存心、養性、事天爲誠意、正心、修身，以殀壽不貳，修身以俟爲知至仁盡，聖人之事。若鄙人之見，則與朱子正相反矣。夫盡心、知性、知天者，生知安行，聖人之事也；存心、養性、事天者，學知利行，賢人之事也；殀壽不貳，修身以俟者，困知勉行，學者之事也。豈可專以盡心知性爲知，存心養性爲行乎？吾子驟聞此言，必又以爲大駭矣。然其間實無可疑者，一爲吾子言之。

夫心之體，性也；性之原，天也。能盡其心，是能盡其性矣。《中庸》云「惟天下至誠爲能盡其性」，又云「知天地之化育；質諸鬼神而無疑，知天也」，此惟聖人而後能然，故曰「此生知安行，聖人之事也」。存其心者，

未能盡其心者也，故須加存之之功；心存之既久，不待於存而自無不存，然後可以進而言盡。蓋「知天」之「知」，如「知州」、「知縣」之「知」，知州則一州之事皆己事也，知縣則一縣之事皆己事也，是與天爲一者也；事天則如子之事父，臣之事君，猶與天爲二也。天之所以命於我者，心也，性也，吾但存之而不敢失，養之而不敢害，如父母全而生之，子全而歸之者也。故曰此學知利行，賢人之事也。至於殀壽不貳，則與存其心者又有間矣。存其心者雖未能盡其心，固已一心於爲善，時有不存則存之而已。今使之殀壽不貳，是猶以殀壽貳其心者也。猶以殀壽二其心，是其爲善之心猶未能一也，存之尚有所未可，而何盡之可云乎？今且使之不以殀壽貳其爲善之心，若曰死生殀壽皆有定命，吾但一心於爲善，修吾之身，以俟天命而已，是其平日尚未知有天命也。事天雖與天爲二，然已真知天命之所在，但惟恭敬奉承之而已耳。若俟之云者，則尚未能真知天命之所在，猶有所俟者也，故曰所以立命。「立」者「創立」之「立」，如「立德」、「立言」、「立功」、「立名」之類。凡言「立」者，皆是昔未嘗有而今始建立之謂，孔子所謂「不知命，無以爲君子」者也。故曰「此困知勉行，學者之事也」。

今以盡心、知性、知天爲格物致知，使初學之士尚未能不貳其心者，而

遽責之以聖人生知安行之事，如捕風捉影，茫然莫知所措其心，幾何而不至於率天下而路也！今世致知格物之弊，亦居然可見矣。吾子所謂「務外遺內，博而寡要」者，無乃亦是過歟？此學問最緊要處，於此而差，將無往而不差矣！此鄙人之所以冒天下之非笑，忘其身之陷於罪戮，呶呶其言，其不容已者也。

【译文】

你信中说："先生所注释的《大学》旧本认为，致知是获得对心的本体的认识，这与孟子尽心说的宗旨相同。朱熹也认为虚灵知觉是人心的本体。然而尽心是由于知性，致知依赖于格物。"

"尽心是由于知性，致知依赖于格物"，这话是对的。但是我仔细推敲你的意思，你所以说这话是因为还有不明白的地方。朱熹认为尽心、知性、知天是格物致知，认为存心、养性、事天是诚意、正心、修身，认为夭寿不贰、修身以俟是认识的最高境界、仁爱的顶点，是圣人做的事。但是我的观点与朱熹正好相反。尽心、知性、知天，是天生就懂得、自然能实践，这是圣人才能做到的事；存心、养性、事天，是学习了才懂得、能够顺利实践，这是贤人才能做到的事；夭寿不贰、修身以俟，则是艰难认知、勉强实践，这是学者的事情。怎么能只把尽心、知性作为认识，把存心、养性作为实践呢？你初一听我这话，肯定又要大惊失色了。然而这确实没什么可怀疑的，让我一一给你说明。

心的本体即人性，人性的本原就是天理。能尽其心，也就能尽其性。《中庸》里面说"只有天下最虔诚的人才能充分发挥其天性"。又说"明白天地万物的生化孕育，求证于鬼神而没有疑问，这就是知天"。这只有圣人才能做到，所以我说"这是天生就懂得、自然能实践，是圣人才能做到的事"。存养心体，是还不能充分发挥本心，所以必须加上存养的功夫；必须存养很长时间，不需有意去存养而无时无刻自然存养，才能进一步讲充分发挥本心。"知天"的"知"，就如"知州"、"知县"的"知"，管理一州、一县是知州、知县的分内之事。"知天"就是与天合而为一；事天就像儿子侍奉父亲、大臣忠于君主一样，这是还未与天合而为一。上天赋予我们的，是本心、本性，我们只有小心存养而不敢丢失、损害，如同父母全而生之，子全而归之。所以我说这是学习了才懂得、能够顺利地实践，是贤人才能做到的事。至于夭寿不贰的人，这和存养本心的贤人又有一定距离。存养本心的人虽不能充分发挥本心，但已经在一心为善了，只不过有时失去了本心，存养它就行了。现在要求人不管长寿短命都要始终如一，是由于还有人因为寿命有长有短而心生杂念。因为寿命有长短之分而三心二意，这说明他为善的心还不能始终如一，存养它还不一定行，怎么能谈得上充分发挥呢？现在要让这种人不因寿命长短而改变向善之心，换句话说，也就是生死夭寿都有一定的天命，我只是一心向善，加强修养等待天命安排，这说明他平时还不知道天命。事天虽然尚未与天合而为一，然而已经真正认识到天命所在，只是恭

恭敬敬顺应它而已。像等待天命这样的人，则是尚未能真正认识到天命所在，还只是在等待天命的安排。因此孟子说这就是安身立命。「立」是「创立」的「立」，如同「立德」、「立言」、「立功」、「立名」的「立」。凡是说到「立」，都是指过去没有而现在开始建立，也就是孔子所说的「不知道天命，不能成为君子」的那种人。所以我说「这是认知艰难勉强实践，是学者的事情」。

现在把尽心、知性、知天当作格物致知，在初学之人还没能做到专心致志时，就马上责备他不能像圣人那样天生能知能行，这如同捕风捉影，让人茫然不知所措。怎能不把天下人引向疲于奔命的地步呢？如今社会上格物致知学说的弊端，已暴露无遗。你所说的「重视外在知识的学习而忽视存养本心，学识广博而不得要领」，难道不也是这种过失造成的吗？这是做学问最关键的地方，这里出错，就会处处皆错。这就是我冒着天下人的讽刺、挖苦，不顾迫害打击的危险，喋喋不休宣传我的观点的原因。

【原文】

來書云：「聞語學者，乃謂卽物窮理之説亦是玩物喪志；又取其厭繁就約，涵養本原數説，標示學者，指爲晚年定論，此亦恐非。」

朱子所謂「格物」云者，在卽物而窮其理也。卽物窮理，是就事事物物上求其所謂定理者也。是以吾心而求理於事事物物之中，析心與理而爲二矣。夫求理於事事物物者，如求孝之理於其親之謂也。求孝之理於其親，則孝之理其果在於吾之心邪？抑果在於親之身邪？假而果在於親之身，則親没之後，吾心遂無孝之理歟？見孺子之入井，必有惻隱之理，是惻隱之理果在於孺子之身歟？抑在於吾心之良知歟？其或不可以從之於井歟？其或可以手而援之歟？是皆所謂理也。是果在於孺子之身歟？抑果出於吾心之良知歟？以是例之，萬事萬物之理莫不皆然。是可以知析心與理爲二之非矣。夫析心與理而爲二，此告子「義外」之説，孟子之所深辟也。務外遺内，博而寡要，吾子既已知之矣，是果何謂而然哉？謂之玩物喪志，尚猶以爲不可歟？

若鄙人所謂致知格物者，致吾心之良知於事事物物也。吾心之良知，卽所謂天理也。致吾心良知之天理於事事物物，則事事物物皆得其理矣。致吾心之良知者，致知也。事事物物皆得其理者，格物也。是合心與理而爲一者也。合心與理而爲一，則凡區區前之所云，與朱子晚年之論，皆可以不言而喻矣！

【译文】

你信中说：「听说你对学生讲，即物穷理就是玩物丧志；又把朱熹关于厌繁就约、涵养本原的几封信展示给学生，认为是朱熹晚年的定论，这恐怕不对。」

朱熹所谓的「格物」，就在于即物穷理。也就是在事物上探求其固有的道理，是用自己的「心」在事物上探求「道理」，这就把心与天理一分为二了。在事物上寻求道理，就像在父母身上追求孝顺的道理。在双亲身上探求孝顺的道理，那么孝顺的道理是在我们心中，还是在父母身上？假如真的在双亲身上，那么父母死后，我们心中就没有孝顺的道理了吗？看见孩子掉到井里，一定会有恻隐之心，那么恻隐的道理是在孩子身上，还是在我们心中的良知上？也许不能跟着孩子跳进井里，也许可以伸手把孩子拉上来？这都是所说的道理。道理在孩子身上，还是在我们本心的良知上呢？以此类推，万事万物的道理莫不如此。这就可以明白把心与天理一分为二是错误的。把心与天理一分为二，这是告子的「义外」学说，孟子曾深刻批评过。在身外探求道理而忽略存养本心，知识广博而不得要领，你既然已经明白这样不对，为什么还要这样说呢？我说即物穷理是玩物丧志，你还认为不对吗？

我所说的格物致知，是把我们心中的良知应用到万事万物上。我们本心的良知，就是天理。把我们心中的良知、天理应用到事物上，那么万事万物就的道理就明白了。致知是获得良知的方法，格物就是使万事万物都得到天理，这是把心与天理合二为一。把心与天理合二为一，那么我前面所讲的，以及我关于朱熹晚年思想的说法，就都不言而喻了。

【原文】

來書云：「人之心體，本無不明，而氣拘物蔽鮮有不昏。非學、問、思、辨以明天下之理，則善惡之機，真妄之辨，不能自覺，任情恣意，其害有不可勝言者矣。」

此段大略似是而非。蓋承沿舊説之弊，不可以不辨也。夫學、問、思、辨、行，皆所以爲學，未有學而不行者也。如言學孝，則必服勞奉養，躬行孝道，然後謂之學。豈徒懸空口耳講説而遂可以謂之學孝乎？學射則必張弓挾矢，引滿中的；學書則必伸紙執筆，操觚染翰。盡天下之學無有不行而可以言學者。則學之始固已即是行矣。篤者敦實篤厚之意。已行矣，而敦篤其行，不息其功之謂爾。蓋學之不能以無疑，則有問，問即學也，即行也；又不能無疑，則有思，思即學也，即行也；又不能無疑，則有辨，辨即學也，即行也。辨既明矣，思既慎矣，問既審矣，學既能矣，又從而不息其功焉，斯之謂篤行。非謂學、問、思、辨之後而始措之於行也。是故以求能其事而言謂之學，以求解其惑而言謂之問，以求通其説而言謂之思，以求精其察而言謂之辨，以求履其實而言謂之行。蓋析其功而言則有五，合其事而言則一而已。此區區心理合一之體，知行並進之功，所以異於後世之説者，正在於是。

今吾子特舉學、問、思、辨以窮天下之理，而不及篤行，是專以學、問、

思、辨爲知，而謂窮理爲無行也已。天下豈有不行而學者邪？豈有不行而遂可謂之窮理者邪？明道云：「只窮理，便盡性至命。」故必仁極仁，而後謂之能窮仁之理；義極義，而後謂之能窮義之理。仁極仁則盡仁之性矣。義極義則盡義之性矣。學至於窮理至矣，而尚未措之於行，天下寧有是邪？是故知不行之不可以爲學，則知不行之不可以爲窮理矣；知不行之不可以爲窮理，則知知行之合一並進，而不可以分爲兩節事矣。

夫萬事萬物之理不外於吾心，而必曰窮天下之理，是殆以吾心之良知爲未足，而必外求天下之廣，以裨補增益之，是猶析心與理而爲二也。夫學、問、思、辨、篤行之功，雖其困勉至於人一己百，而擴充之極，至於盡性知天，亦不過致吾心之良知而已。良知之外，豈復有加於毫末乎？今必曰窮天下之理，而不知反求諸其心，則凡所謂善惡之機、真妄之辨者，舍吾心之良知，亦將何所致其體察乎？吾子所謂「氣拘物蔽」者，拘此蔽此而已。今欲去此之蔽，不知致力於此，而欲以外求，是猶目之不明者，不務服藥調理以治其目，而徒倀倀然求明於其外，明豈可以自外而得哉？任情恣意之害，亦以不能精察天理於此心之良知而已。此誠毫釐千裏之謬者，不容於不辨，吾子毋謂其論之太刻也！

【译文】

你信中说：「人心的本体，原来明白清楚，可由于气量的拘束和物欲的蒙蔽，很少有不昏暗模糊的。不通过学习、询问、思考、辨析来弄明白天下的道理，那么，善恶的原因、真假的异同，就不可能明白，就会肆意妄为，所产生的危害是无法用语言描述的。」

这段话大致上似是而非。大概是沿袭了朱熹说法的弊端，不能不分辨清楚。博学、询问、思考、辨析、实践都是学习的方法，不存在学习而不实践的。比如说学习孝顺，就必须服侍奉养双亲，亲身实践孝的道理，这才叫学习孝。难道仅仅红口白牙夸夸其谈就可以称为学孝吗？学习射箭必须张弓搭箭，射中靶心；学习书法必须铺纸提笔，泼墨书写。数遍天下的学习，没有不亲自实践而可以算作学习的。因此，学习的开始本身就是实践。笃是认真切实的意思。已经实践了，而又敦笃其实践，也就是不间断实践的意思。学习不可能没有疑惑，于是就有询问，问就是学习，是实践； 然而询问后可能还有疑惑，这就需要思考，思考也是学习，是实践； 思考后可能还有疑惑，这就需要辨析，辨析也是学习，是实践。辨析明白了，思考也很谨慎了，询问也很仔细，学习也有了长进，还坚持用功不懈，这叫笃行，而不是学、问、思、辨后，才开始着手实践。所以，就追求能做成某事而言叫做学，就追求解除困惑而言叫做问，就通晓其理论而言叫做思，就考察精细而言叫做辨，就落到实处而言叫做行。分析它们的功效则有五个方面，综合它们的效果则是一件事而已。我所说的心与理合一为本体、知行并进是方法，之所以不同于朱熹的思

想，原因就在这里。

现在你特别举出学习、询问、思考、辨析以探求天下的事理，却没有提及踏踏实实付诸行动，这是专门把学、问、思、辨当作认识活动，而认为穷理的活动不是实践。天下难道有不实践而学习的吗？难道有不实践就能穷尽事理的吗？程颢先生说：「只要穷尽事理，就可充分发挥天性，认识天命。」所以必须在实践中达到仁的最高境界后，才能说穷尽仁的道理，在实践中达到义的顶点后，才能说穷尽义的道理。达到仁的最高境界就能彻底发挥仁的天性，达到义的顶点就能充分发挥义的天性。学习达到了穷尽事理的程度，却还没有着手实践，天下有这样的道理吗？所以，知道不实践就不能学习，那么也就知道不实践就不能穷尽事理。知道不实践就不能穷尽事理，也就知道知行必然是合一并进的，而不能把它们分成两节。既然万事万物的道理不存在于我们心外，却又一定要说穷尽天下事理，这大概是因为我们心中的良知还不够，而必须向外寻求天下万事万物的道理，以便对我们的心有所裨益，这还是把心与天理一分为二。

学、问、思、辨、笃行的功夫，虽然资质较差的人得比别人付出百倍的努力，但是努力扩展到极致，到了尽性知天的境界，也不过是使我们心中的良知圆满罢了。除了良知，难道还能增加一丝一毫的东西吗？现在说一定要穷尽天下事理，却不知道在自己心中探求，那么凡是善恶的原因、真假的异同，舍去我们心中的良知，又将怎么体察明白呢？你所说的「气拘物蔽」，正是受这种观点的束缚与蒙蔽。现在要清除这一弊病，不知道在内心努力，而想在心外探求，这好比眼睛有病的人，不想方设法吃药来调理治疗眼睛，而只是茫然地在眼睛外面去探求光明，眼睛明亮难道可以从其他地方得到吗？肆意妄为的危害，也是由于不能在我们心中的良知上精细体察天理而已。这的确是差之毫厘谬之千里的事，不能不分辨清楚，你别觉得我说得太刻薄了。

【原文】

來書云：「教人以致知明德，而戒其卽物窮理，誠使昏暗之士深居端坐，不聞教告，遂能至於知致而德明乎？縱令靜而有覺，稍悟本性，則亦定慧無用之見，果能知古今，達事變而致用於天下國家之實否乎？其曰『知者意之體，物者意之用，格物如格君心之非』之『格』，語雖超悟獨得，不踵陳見，抑恐於道未相吻合？」

區區論致知格物，正所以窮理，未嘗戒人窮理，使之深居端坐而一無所事也。若謂卽物窮理，如前所云務外而遺内者，則有所不可耳。昏闇之士，果能隨事隨物精察此心之天理，以致其本然之良知，則雖愚必明，雖柔必彊，大本立而達道行，九經之屬可一以貫之而無遺矣。尚何患其無致用之實乎？彼頑空虛靜之徒，正惟不能隨事隨物精察此心之天理，以致其本然之良知，而遺棄倫理，寂滅虛無以爲常，是以要之不可以治家國天下。孰謂聖人窮理盡性之學而亦有是弊哉？

心者身之主也，而心之虛靈明覺，即所謂本然之良知也。其虛靈明覺之良知，應感而動者謂之意；有知而後有意，無知則無意矣。知非意之體乎？意之所用，必有其物，物即事也。如意用於事親，即事親爲一物；意用於治民，即治民爲一物；意用於讀書，即讀書爲一物；意用於聽訟，即聽訟爲一物：凡意之所用無有無物者，有是意即有是物，無是意即無是物矣。物非意之用乎？

「格」字之義，有以「至」字訓者，如「格於文祖」、「有苗來格」，是以「至」訓者也。然格於文祖，必純孝誠敬，幽明之間，無一不得其理，而後謂之格。有苗之頑，實以文德誕敷而後格，則亦兼有「正」字之義在其間，未可專以「至」字盡之也。如「格其非心」、「大臣格君心之非」之類，是則一皆正其不正以歸於正之義，而不可以「至」字爲訓矣。且《大學》格物之訓，又安知其不以「正」字爲訓，而必以「至」字爲義乎？如以「至」字爲義者，必曰窮至事物之理，而後其說始通。是其用功之要全在一「窮」字，用力之地全在一「理」字也。若上去一「窮」、下去一「理」字，而直曰「致知在至物」，其可通乎？夫窮理盡性，聖人之成訓，見於《系辭》者也。苟格物之說而果即窮理之義，則聖人何不直曰「致知在窮理」，而必爲此轉折不完之語，以啓後世之弊邪？

蓋《大學》格物之説，自與《系辭》窮理大旨雖同，而微有分辨。窮理者，兼格致誠正而爲功也。故言窮理則格致誠正之功皆在其中，言格物則必兼舉致知、誠意、正心，而後其功始備而密。今偏舉格物而遂謂之窮理，此所以專以窮理屬知，而謂格物未常有行，非惟不得格物之旨，並窮理之義而失之矣。此後世之學所以析知行爲先後兩截，日以支離決裂，而聖學益以殘晦者，其端實始於此。吾子蓋亦未免承沿積習，則見以爲於道未相吻合，不爲過矣。

【译文】

你信中说：「你教育学生致知、明德，却不让他们从事物上研究天理。如果让糊涂的人深居静坐，不听圣人的教诲和告诫，就能致知、明德吗？即使他们在静坐中有所觉悟，稍微体悟到人的本性，那也是定慧之类的佛家的无用见识，难道真能通晓古今、明了事变，对治国安邦有实际作用吗？你说『认识是意念的本体，事物是意念的作用，格物的格就是格君心之非』的『格』，这话虽然显示出高超的悟性，独到而不落俗套，但恐怕与天道不符合吧？」

我所讲的格物致知，正是穷尽事理的意思，我从没有禁止人穷尽事理，使其深居静坐而无所事事。如果说即物穷理就是前面所讲的追求外物的道理而忽视存养内心，则是错误的。糊涂的

人，如果能在事物中精确体察心中的天理，发现其原本的良知，那么即使愚蠢也一定能变得聪明，柔弱也一定能变得刚强，也就能行达道，立大本，九经之类则可一以贯之而不遗漏。还担心他没有治国安邦的实际本领吗？那些顽固坚持空虚寂静的佛、道之徒，恰恰不能在万事万物上精确体悟心中的天理，发现其原本的良知，而是抛弃伦常，把寂灭虚无当作正常，所以他们不能齐家、治国、平天下。谁说圣人穷尽天理充分发挥人性的学说也有这样的弊病？

心是身体的主宰，心的虚灵明觉就是人固有的良知。虚灵明觉的良知因感应而发动，就是意念。有认识然后有意念，无认识则没有意念，认识难道不是意念的本体吗？意念的作用，一定有相对应的东西，这就是事。如果意念作用于侍奉父母，侍奉父母就是一个事物；如果意念作用于治理百姓，治理百姓就是一个事物；意念作用于读书，读书就是一个事物；意念作用于诉讼，诉讼就是一个事物：凡是意念作用的地方，都有事物存在。有这样的意念就有这样事物，没有这样的意念就没有这样的事物，事物难道不是意念的应用吗？

「格」字的意思，有用「至」来解释的，如「格于文祖」、「有苗来格」，其中的「格」字都是「至」的意思。然而格于文祖，必定是至孝至敬，对阳世和阴间的道理无一不明，然后才叫做「格」。苗人顽固，愚昧，只有推行礼乐教化之后才能格，所以格也有「正」字的含义，用「至」来解释并不能完全说明「格」字的含义。如「格其非心」、「大臣格君心之非」的「格」，都是纠正错误以恢复于正的意思，而不能用「至」字来解释。况且《大学》中关于格物的解释，又怎么知道它不能用「正」字而必须用「至」字来解释呢？如果用「至」的含义，必须说穷至事物之理，这样解释才说得通。这样，用功的关键全在「穷」字，用功的对象全在「理」字。如果前面去掉「穷」字，后面去掉「理」字，直接说「致知在至物」，能说得通吗？穷理尽性是圣人既定的教诲，在《易经·说卦》中有记载。假如格物真的就是穷理的意思，圣人为什么不直接说「致知在穷理」，却一定要说这种语意转折且不完整的话来，导致后来的弊端呢？

《大学》中的格物，同《易经》中的穷理，基本意思相同，但也有细微差别。穷理包含有格物、致知、诚意、正心等功夫。所以一谈穷理，那么格物、致知、诚意、正心的功夫都在其中。说到格物，就必然兼有致知、诚意、正心，这样格物的功夫才完整严密。现在仅提到格物就说它是穷理，这是只把穷理当作认识，而认为格物中不包括实践，这不但没有把握格物的宗旨，而且连穷理的本义也丢掉了。后世学者把知行分为前后两截，使其日益支离破碎，圣学日益残缺晦涩，其开端实际就在这里。你因袭过去的观点也在所难免，认为我的学说不符合天道，这也不算什么。

【原文】

來書云：「謂致知之功將如何爲温凊，如何爲奉養，即是誠意，非别有所謂格物，此亦恐非。」

此乃吾子自以己意揣度鄙見而爲是説，非鄙人之所以告吾子者矣。若果如吾子之言，寧復有可通乎？蓋鄙人之見，則謂意欲温凊意欲奉養

者，所謂意也，而未可謂之誠意；必實行其温凊奉養之意，務求自慊而無自欺，然後謂之誠意。知如何而爲温凊之節，知如何而爲奉養之宜者，所謂知也，而未可謂之致知。必致其知如何爲温凊之節者之知，而實以之温凊，致其知如何爲奉養之宜者之知，而實以之奉養，然後謂之致知。温凊之事，奉養之事，所謂物也，而未可謂之格物。必其於温凊之事也，一如其良知之所知，當如何爲温凊之節者而爲之，無一毫之不盡，於奉養之事也，一如其良知之所知當如何爲奉養之宜者而爲之，無一毫之不盡；然後謂之格物。温凊之物格，然後知温凊之良知始致；奉養之物格，然後知奉養之良知始致。

故曰「物格而後知至」。致其知温凊之良知，而後温凊之意始誠；致其知奉養之良知，而後奉養之意始誠，故曰「知至而後意誠」。此區區誠意、致知、格物之説蓋如此。吾子更熟思之，將亦無可疑者矣。

【译文】

你信中说："致知的功夫就是如何使父母冬暖夏凉，如何对他们供养适宜，这就是诚意，此外没有所谓的格物，这恐怕也不对。"

这是你用自己的思想来猜测我的观点，并不是我这样对你讲过。如果像你说的那样，难道能讲得通吗？我的看法是：想使父母冬暖夏凉，想对他们供养适宜，这只是意念，还不能说是诚意；必须切实实践了使父母冬暖夏凉、有所奉养的愿望，并且务求自己对此感到愉快而不是违心，这才能叫诚意。知道如何使父母冬暖夏凉、得到很好的奉养，这仅仅是知，还不能说是致知；必须知道了，并且切实做到了，这才能说是致知。使父母冬暖夏凉，对父母供养适宜，这是物，而不能说是格物；对于使父母冬暖夏凉和供养适宜的事，按照自己的良知要求去做，而没有一丝一毫的保留，这才叫格物。父母冬暖夏凉这个物格了，使父母冬暖夏凉的良知才算是「致」了；对父母供养适宜这个物格了，然后很好地供养父母的良知才算是致了。所以《大学》里说「物格而后知至」。达到了那个知道冬暖夏凉的良知，使父母冬暖夏凉的意念才能诚；达到了那个知道供养适宜的良知，对父母供养适宜的意念才能诚。所以《大学》中说知至而后意诚。我的诚意、致知、格物的观点大致如此。希望你再好好想想，就不会有什么疑惑了。

【原文】

來書云：「道之大端易於明白，所謂良知良能，愚夫愚婦可與及者。至於節目時變之詳，毫釐千里之謬，必待學而後知。今語孝於温凊定省，孰不知之？至於舜之不告而娶，武之不葬而興師，養志養口，小杖大杖，割股廬墓等事，處常處變過與不及之間，必須討論是非，以爲制事之本。

然後心體無蔽，臨事無失。」

「道之大端易於明白」，此語誠然。顧後之學者，忽其易於明白者而弗由，而求其難於明白者以爲學，此其所以道在邇而求諸遠，事在易而求諸難也。孟子云：「夫道若大路然，豈難知哉？人病不由耳！」良知良能，愚夫愚婦與聖人同。但惟聖人能致其良知，而愚夫愚婦不能致，此聖愚之所由分也。

節目時變，聖人夫豈不知？但不專以此爲學。而其所謂學者，正惟致其良知，以精察此心之天理，而與後世之學不同耳。吾子未暇良知之致，而汲汲焉顧是之憂，此正求其難於明白者以爲學之弊也。夫良知之於節目時變，猶規矩尺度之於方圓長短也。節目時變之不可預定，猶方圓長短之不可勝窮也。故規矩誠立，則不可欺以方圓，而天下之方圓不可勝用矣；尺度誠陳，則不可欺以長短，而天下之長短不可勝用矣；良知誠致，則不可欺以節目時變，而天下之節目時變不可勝應矣。毫釐千里之謬，不於吾心良知一念之微而察之，亦將何所用其學乎？是不以規矩而欲定天下之方圓，不以尺度而欲盡天下之長短，吾見其乖張謬戾，日勞而無成也已。

吾子謂：「語孝於温凊定省，孰不知之？」然而能致其知者鮮矣。若謂麤知温凊定省之儀節，而遂謂之能致其知，則凡知君之當仁者皆可謂之能致其仁之知，知臣之當忠者皆可謂之能致其忠之知，則天下孰非致知者邪？以是而言，可以知致知之必在於行，而不行之不可以爲致知也明矣。知行合一之體，不益較然矣乎？

夫舜之不告而娶，豈舜之前已有不告而娶者爲之準則，故舜得以考之何典，問諸何人而爲此邪？抑亦求諸其心一念之良知，權輕重之宜，不得已而爲此邪？武之不葬而興師，豈武之前已有不葬而興師者爲之準則，故武得以考之何典，問諸何人，而爲此邪？抑亦求諸其心一念之良知，權輕重之宜，不得已而爲此邪？使舜之心而非誠於爲無後，武之心而非誠於爲救民，則其不告而娶與不葬而興師，乃不孝不忠之大者。而後之人不務致其良知，以精察義理於此心感應酬酢之間，顧欲懸空討論此等變常之事，執之以爲制事之本，以求臨事之無失，其亦遠矣。其餘數端，皆可類推，則古人致知之學，從可知矣。

【译文】

你信中说：「圣道大的方面容易明白，就如你所说的良知良能，即使蠢汉愚妇也可以明白。

至于具体内容随时代而变化的详情，则差之毫厘谬之千里，必须学习后才能明白。现在就父母的冬暖夏凉、早晚请安上谈孝道，谁不明白？至于舜不告诉父母而娶亲，武王没安葬文王就兴兵伐纣，曾子赡养父亲是遵从父亲的意愿，而曾元赡养父亲只是让父亲活命，父亲用小杖打则应该承受、用大杖打则应该逃走，割股疗亲、结庐守孝等事，在正常与非常时期、过分和不足之间，一定要讨论出个是非曲直，作为处理事情的准则，然后人心的本体才能不被蒙蔽，遇事才能没有过失。」

「圣道大的方面容易明白」，这话很对。然而看看后来的学者，忽略容易明白的大道理不遵循，却把那些难以明白的东西作为学问，这是孟子所说的道在迩而求诸远，事在易而求诸难。孟子说：「圣道就像大路，难道很难认知吗？人们的问题在于不去探求罢了！」在良知良能上，蠢汉愚妇和圣人是相同的。但是只有圣人能致其良知，蠢汉愚妇却不能，这是两者差别的所在。

具体内容随时代而变化，圣人怎么会不知道，只是不专门把它当作学问。圣人所谓的学问，只是致其良知以精确体察心中的天理，这与后世所说的学问不同。你不花时间去致良知，却念念不忘为这些细节问题发愁，这正是把那些难以明白的东西当成学问的弊病。良知对于随时而变的具体内容，就像规矩尺度对于方圆长短一样。随时而变的细节不能事先确定，好比方圆长短无穷无尽。所以规矩一旦确定，则是方是圆就十分明了，天下的方圆也就用之不尽；尺度一旦制定，则是长是短就十分清楚，天下的长短也就用之不尽；良知确实达到了，则细节随时变化就显露无遗，天下不断变化的具体情况就都能够应付。差之毫厘就会谬之千里，不在我们心中良知的细微处认真体察，所学的东西又有什么用呢？这是不用规矩而要确定天下的方圆，不用尺度而要度量天下的长短，我看这种荒诞做法，只会是天天辛劳而无所收获。

你说：「有关孝子温清定省的礼数，谁不知道？」但是真正能致孝的人却很少。如果说粗略明白温清定省的礼数就算是能致孝的良知，那么，凡是知道君王应当仁爱的人，都可以说他能致仁的良知；凡是知道臣子应当忠心的人，都可以说他能致忠的良知，这样，天下还有谁没有致知呢？因此，致知一定要付诸实践，不实践不能算致知，就很清楚了。知行合一的概念，不是更明了吗？

至于舜不告诉父母而娶妻，难道是以前已经有这样的准则，所以舜能够考证于某某经典、咨询于某某人，才这样做？还是他根据心中的一念良知，权衡轻重利弊，迫不得已才这样做？周武王不安葬文王就兴兵讨伐商纣，难道是以前已经有这样的准则，所以武王能够考证于某某经典、咨询于某某人，才这样做？还是他根据自己心中的一念良知，权衡轻重利弊，迫不得已才这样做？假使舜的心中不是真的怕没有后代，武王心中不是真的要救民于水火，那么，不告诉父母而娶妻和不安葬父亲而兴师伐纣，就是最大的不孝不忠。后世的人不努力致其良知，不在处理事物时精确体察天理，只想凭空去研究此类非常的事变，把它作为待人处事的原则，以求得处事时没有过失，这也距离正确太远了。其余几件，都可以根据上述类比推理，那么，古人致良知的学说，就可以知道了。

【原文】

來書云：「謂《大學》格物之説專求本心，猶可牽合；至於《六經》、《四書》所載多聞多見，前言往行，好古敏求，博學審問，温故知新，博學詳説，好問好察，是皆明白求於事爲之際，資於論説之間者，用功節目固不容紊矣。」

格物之義，前已詳悉，牽合之疑，想已不俟復解矣。至於多聞多見，乃孔子因子張之務外好高，徒欲以多聞多見爲學，而不能求諸其心，以闕疑殆，此其言行所以不免於尤悔，而所謂見聞者，適以資其務外好高而已。蓋所以救子張多聞多見之病，而非以是教之爲學也。夫子嘗曰：「蓋有不知而作之者，我無是也」，是猶孟子「是非之心，人皆有之」之義也。此言正所以明德性之良知，非由於聞見耳。若曰「多聞擇其善者而從之，多見而識之」，則是專求諸見聞之末，而已落在第二義矣，故曰「知之次也」。夫以見聞之知爲次，則所謂知之上者果安所指乎？是可以窺聖門致知用力之地矣。夫子謂子貢曰：「賜也，汝以予爲多學而識之者歟？非也，予一以貫之。」使誠在於多學而識，則夫子胡乃謬爲是説以欺子貢者邪？「一以貫之」，非致其良知而何？《易》曰：「君子多識前言往行，以畜其德。」夫以畜其德爲心，則凡多識前言往行者，孰非畜德之事？此正知行合一之功矣。

「好古敏求」者，好古人之學而敏求此心之理耳。心即理也；學者，學此心也；求者，求此心也。孟子云：「學問之道無他，求其放心而已矣。」非若後世廣記博誦古人之言詞，以爲好古，而汲汲然惟以求功名利達之具於外者也。「博學審問」，前言已盡。「温故知新」，朱子亦以温故屬之尊德性矣。德性豈可以外求哉？惟夫知新必由於温故，而温故乃所以知新，則亦可以驗知行之非兩節矣。「博學而詳説之」者，將以反説約也，若無反約之云，則博學詳説者果何事邪？舜之「好問好察」，惟以用中而致其精一於道心耳。道心者，良知之謂也。君子之學，何嘗離去事爲而廢論説？但其從事於事爲論説者，要皆知行合一之功，正所以致其本心之良知；而非若世之徒事口耳談説以爲知者，分知行爲兩事，而果有節目先後之可言也。

【译文】

你信中说：「你认为《大学》中格物的意思是专门探求本心，还勉强说得过去；至于《六经》、《四书》中记载的多闻多见，前言往行，好古敏求，博学审问，温故知新，博学详说，好问好察，这些都很明显是在处事和辩论的过程中探求的，下功夫的名目次序是不能乱的。」

格物的含义，前面已详细说过，关于你觉得牵强的疑惑，想来已不用我再解释。至于说多闻多见，乃是孔子针对子张的毛病而说的。子张好高骛远，专门在身心之外探求，仅仅以多闻多见为学问，却不能探求本心，因此他的语言行动难免有过错和悔恨。他所谓的见闻正好助长了他骛远求外的毛病。所以，孔子的话是为了纠正子张的毛病，而不是教导子张把多闻多见当作学问。孔子曾说过：「大概有一种人，并不知道什么，却凭空瞎说一气，我不是这种人。」这句话同孟子所说的「是非之心人皆有之」的意思相同。这说明人的德性良知不是由见闻中来。至于孔子说「多闻，择其善者而从之，多见而识之」，则是专门探求见闻的细节，这已是第二位的事了，所以孔子说「知之次也」。以见闻方面的知识为次要学问，那么首要的学问指的是什么呢？从这里可以看出圣学致知用功的地方。孔子对子贡说：「端木赐呀，你认为我是多学多识的人吗？不是的，我的学说是一个忠恕之道贯串着的。」如果良知真的在于多闻多见，那么孔子为何要说这种谬论来欺骗子贡呢？「一以贯之」，不是致良知是什么？《易经》中说：「君子多识前言往行，以畜其德。」如果目的在于积累存养德性，那么更多地了解圣人的言行，难道不是积累存养德性的事吗？这正是知行合一的功夫。

所谓「好古敏求」，是喜爱古人的学问，勤奋地探索心中的天理。心就是天理，学就是学习这个本心，求就是探求这个本心。孟子说：「学问之道无他，求其放心而已矣。」不像后世的人们，广泛背诵记忆古人的词句，以为这就是好古，却又念念不忘追求功名利禄等外在的东西。

「博学审问」，前面已谈过。「温故知新」，朱熹也认为温故属于尊德性的范畴。德性难道可以在心外探求吗？知新必须通过温故，温故才能知新，这也可以证明知行不是两件事。至于「博学而详说之」，是为了再返回到简约的表述中来，如果不是为了以反说约，那么博学详说到底是为了什么呢？大舜「好问好察」，就是中正平和，使其心至精至纯达到天理的境界。道心就是良知。君子的学问，什么时候离开过实践、抛弃过辨析呢？但是实践和辨析，都要遵行知行合一的功夫，这正是为了致其本心的良知，而不是像世人只把夸夸其谈当作认识，把认识和实践分成两件事，从而产生用功的名目有先有后的观点。

【原文】

來書云：「楊、墨之爲仁義，鄉原之辭忠信，堯、舜、子之之禪讓，湯、武、楚項之放伐，周公、莽、操之攝輔，謾無印正，又焉適從？且於古今事變，禮樂名物，未嘗考識，使國家欲興明堂，建辟雍，制歷律，草封禪，又將何所致其用乎？故《論語》曰『生而知之』者，義理耳。若夫禮樂名物，古今事變，亦必待學而後有以驗其行事之實。此則可謂定論矣。」

所喻楊、墨、鄉願，堯、舜、子之、湯、武、楚項、周公、莽、操之辨，與前舜、武之論，大略可以類推。古今事變之疑，前於良知之説，已有規矩尺度之喻，當亦無俟多贅矣。

至於明堂、辟雍諸事，似尚未容於無言者。然其説甚長，姑就吾子之言而取正焉，則吾子之惑將亦可以少釋矣。夫明堂、辟雍之制，始見於《呂氏》之《月令》、漢儒之訓疏，《六經》、《四書》之中未嘗詳及也。豈呂氏、漢儒之知，乃賢於三代之賢聖乎？齊宣之時，明堂尚有未毁，則幽、厲之世，周之明堂皆無恙也。堯、舜茅茨土階，明堂之制未必備，而不害其爲治；幽、厲之明堂，固猶文、武、成、康之舊，而無救於其亂。何邪？豈能以不忍人之心而行不忍人之政，則雖茅茨土階，固亦明堂也，以幽、厲之心而行幽、厲之政，則雖明堂，亦暴政所自出之地邪？武帝肇講於漢而武後盛作於唐，其治亂何如邪？天子之學曰辟雍，諸侯之學曰泮宫，皆象地形而爲之名耳。然三代之學，其要皆所以明人倫，非以辟不辟、泮不泮爲重輕也。

【译文】

你信中说："杨朱、墨子的义与仁，乡原的忠信，尧、舜、子之的禅让，商汤、周武王、项羽的放逐与杀伐，周公、王莽、曹操的摄政，这些事烦琐而无从考证，又该听谁的呢？况且对于古今事变、礼乐名物没有考察识别，假使国家要造明堂、建学校、制定历法乐律、进行封禅大典，又怎么能发挥作用呢？所以《论语》中所说的『生而知之』，就是义和理。比如礼乐名物、古今事变这些事，也要等学习之后才能验证其是否可行。这句话可以说是公理了。"

你所说的杨朱、墨翟、乡原、尧、舜、子之、商汤、武王、项羽、周公、王莽、曹操等人的分别，同前面说到的舜和武王的事类似。至于对古今事变的疑问，前面在谈良知时，已用规矩尺度的比喻解释过，这里也无须再多说了。

造明堂、建学校等事，似乎还不能不讲。但是这些事说起来话长，姑且就你信中的话讨论一下，这样你的困惑可能会减少一些。明堂、学校的制度，最早见于《吕氏春秋》中的《月令》篇和汉代儒生的注释中，《六经》、《四书》中没有详细记载。难道吕不韦、汉代儒生的见识超过三代的圣贤吗？齐宣王时，明堂有的还没被毁掉，那么幽王、厉王时，周朝的明堂应该都完好无损。尧舜时住茅草屋，垒土台阶，明堂的制度未必完善，但这并不影响他们把天下治理得井然有条；幽王、厉王时明堂同文王、武王、成王、康王时的一样，但这并不能帮助他们挽救天下大乱，为什么呢？这难道不说明，用仁爱之心推行仁政，那么茅草屋和土台阶也可以起到明堂的作用；以幽王、厉王的心来行幽王、厉王的暴政，那么即使是明堂不也成了施暴政的地方吗？汉武帝曾与大臣讨论建设明堂，武则天毁了乾元殿修建明堂，他们治理天下的情况又如何呢？天子建的学校叫辟雍，诸侯建的学校叫泮宫，都是根据地形来命名的。然而三代时的学校，是以昌明伦理纲常为目的的，而不以其样子像不像璧环、是不是建在泮水边上为重。

【原文】

孔子云："人而不仁，如禮何！人而不仁，如樂何！"制禮作樂，必

具中和之德，聲爲律而身爲度者，然後可以語此。若夫器數之末，樂工之事，祝史之守。故曾子曰「君子所貴乎道者三」，「籩豆之事，則有司存」也。堯命羲和，欽若昊天，歷象日月星辰，其重在於敬授人時也。舜在璿璣玉衡，其重在於以齊七政也。是皆汲汲然以仁民之心，而行其養民之政，治歷明時之本，固在於此也。羲和歷數之學，皋、契未必能之也，禹、稷未必能之也；堯、舜之知而不徧物，雖堯、舜亦未必能之也。然至於今，循羲和之法而世修之，雖曲知小慧之人、星術淺陋之士，亦能推步占候而無所忒，則是後世曲知小慧之人，反賢於禹、稷、堯、舜者邪？

封禪之説，尤爲不經，是乃後世佞人諛士，所以求媚於其上，倡爲夸侈，以蕩君心，而靡國費。蓋欺天罔人，無恥之大者，君子之所不道，司馬相如之所以見譏於天下後世也。吾子乃以是爲儒者所宜學，殆亦未之思邪？

夫聖人之所以爲聖者，以其生而知之也。而釋《論語》者曰：「生而知之者，義理耳。若夫禮樂名物，古今事變，亦必待學而後有以驗其行事之實。」夫禮樂名物之類，果有關於作聖之功也，而聖人亦必待學而後能知焉，則是聖人亦不可以謂之生知矣！謂聖人爲生知者，專指義理而言，而不以禮樂名物之類，則是禮樂名物之類無關於作聖之功矣。聖人之所以

謂之生知者，專指義理而不以禮樂名物之類，則是學而知之者亦惟當學知此義理而已，困而知之者亦惟當困知此義理而已。今學者之學聖人，於聖人之所能知者，未能學而知之，而顧汲汲焉求知聖人之所不能知者以爲學，無乃失其所以希聖之方歟？凡此皆就吾子之所惑者，而稍爲之分釋，未及乎「拔本塞源」之論也。

【译文】

孔子说：「人如果没有仁爱之心，有礼又如何！人如果没有仁爱之心，有乐又如何！」制作礼乐，必须具备中和的品德，只有声音可以作为音律、身高可以作为尺度的人，才能做这种事。至于礼乐器具的细节与技巧，则是乐工和祝史们的职责。所以曾子说「君子重视的道有三个方面」，「至于行礼过程中的具体事项，则由有关官员负责安排」。尧命令羲氏、和氏遵从天道，观测推算日月星辰的运行，他看重的是恭敬地授予百姓农时。舜观测北斗七星的运行，他看重的是安排好七种政事。这都是念念不忘以仁爱之心推行养育百姓的仁政。制定历法、明晓时令的根本就在于此。羲氏、和氏在历法和数学方面的才能，皋陶和契未必有，大禹、后稷也未必有。根据《孟子·尽心上》中尧舜的智慧不能通晓万物的说法，即使尧舜也未必具有这方面的才能。可是今天，按照羲、和二人的方法，加上世世代代的修正积累，即使一知半解略有智慧的人、浅薄的术士，也能正确推算节气、占卜天象。难道是后世一知半解略有智慧的人，反而比大禹、后稷、

尧、舜还贤明吗？

帝王祭祀天地的说法尤其荒诞不经，这是后代的阿谀奉迎之徒为了在皇帝面前讨好献媚，怂恿鼓吹，迷惑君心，浪费国力。可以说欺天惑人，是最无耻的行为，君子是不屑于言说的，这也正是司马相如受到后世天下人嘲笑的原因。你却认为这些是儒生们应该认真学习的，大概是没有仔细思考吧！

圣人之所以是圣人，是由于他们生而知之。然而朱熹解释《论语》时说：「生而知之者，义理耳。若夫礼乐名物，古今事变，亦必待学而后有以验其行事之实。」如果礼乐名物之类是成为圣人的功夫，圣人也必须学习后才能通晓，那么圣人就不能说是生而知之了。说圣人是生而知之，是专指义理而言的，不包括礼乐名物之类，因此礼乐名物之类与成为圣人的功夫无关。那么，学而知之的人也只是应该学习通晓义理而已；困而知之的人也只是应该努力学习通晓义理而已。现在的学者学习圣人，对圣人能通晓的义理不去学习掌握，却念念不忘去探求圣人所不知道的东西并以之为学问，这不是迷失了成为圣人的方向了吗？以上这些就是针对你的困惑稍加分析解释，还不是「从根本上澄清问题的论述」。

【原文】

夫「拔本塞源」之論不明於天下，則天下之學聖人者將日繁日難，斯人淪於禽獸夷狄，而猶自以爲聖人之學；吾之説雖或暫明於一時，終將凍解於西而冰堅於東，霧釋於前而雲滃於後，呶呶焉危困以死，而卒無救於天下之分毫也已！

夫聖人之心以天地萬物爲一體，其視天下之人，無外内遠近，凡有血氣，皆其昆弟赤子之親，莫不欲安全而教養之，以遂其萬物一體之念。天下之人心，其始亦非有異於聖人也，特其間於有我之私，隔於物欲之蔽，大者以小，通者以塞，人各有心，至有視其父、子、兄、弟如仇讎者。聖人有憂之，是以推其天地萬物一體之仁以教天下，使之皆有以克其私、去其蔽，以復其心體之同然。其教之大端，則堯、舜、禹之相授受，所謂「道心惟微，惟精惟一，允執厥中」。而其節目則舜之命契，所謂「父子有親，君臣有義，夫婦有别，長幼有序，朋友有信」五者而已。唐、虞、三代之世，教者惟以此爲教，而學者惟以此爲學。當是之時，人無異見，家無異習，安此者謂之聖，勉此者謂之賢，而背此者雖其啓明如朱亦謂之不肖。下至閭井田野，農、工、商、賈之賤，莫不皆有是學，而惟以成其德行爲務。何者？無有聞見之雜，記誦之煩，辭章之靡濫，功利之馳逐，而但使之孝其親，弟其長，信其朋友，以復其心體之同然。是蓋性分之所固有，而非有假於外者，則人亦孰不能之乎？

學校之中，惟以成德爲事，而才能之異或有長於禮樂，長於政教，長於水土播植者，則就其成德，而因使益精其能於學校之中。迨夫舉德而任，則使之終身居其職而不易，用之者惟知同心一德，以共安天下之民，視才之稱否，而不以崇卑爲輕重，勞逸爲美惡；效用者亦惟知同心一德，以共安天下之民，苟當其能，則終身處於煩劇而不以爲勞，安於卑瑣而不以爲賤。當是之時，天下之人熙熙皞皞，皆相視如一家之親。其才質之下者，則安其農、工、商、賈之分，各勤其業以相生相養，而無有乎希高慕外之心。其才能之異若皋、夔、稷、契者，則出而各效其能，若一家之務，或營其衣食，或通其有無，或備其器用，集謀並力，以求遂其仰事俯育之願，惟恐當其事者之或怠而重己之累也。故稷勤其稼，而不恥其不知教，視契之善教，即己之善教也；夔司其樂，而不恥於不明禮，視夷之通禮，即己之通禮也。蓋其心學純明，而有以全其萬物一體之仁，故其精神流貫，志氣通達，而無有乎人己之分，物我之間。譬之一人之身，目視、耳聽、手持、足行，以濟一身之用。目不恥其無聰，而耳之所涉，目必營焉；足不恥其無執，而手之所探，足必前焉。蓋其元氣充周，血脈條暢，是以癢疴呼吸，感觸神應，有不言而喻之妙。此聖人之學所以至易至簡，易知易從，學易能而才易成者，正以大端惟在復心體之同然，而知識技能非所與論也。

【译文】

「正本清源」的学说一天不昌明于天下，那么，天下学习圣人的人就会一天天感到烦琐艰难，甚至于沦为夷狄禽兽，却还自认为学的是圣人的学问；即使我的思想暂时昌明于天下，也还是解了西边的冻，东边又结上了坚冰，拨开了前面的雾，后面又涌起了云，我就是不顾生命危险喋喋不休地进行宣传，也丝毫不能拯救天下。

圣人的心与天地万物为一体，他看待天下的人，没有远近内外之别，凡是有生命的都是兄弟儿女，都要教养他们，使他们安全，以实现他与天地万物一体的信念。天下人的心，最初同圣人的心并无差异，只是后来夹杂了私心，被物欲蒙蔽，天下为公的大心变成了为自己的小心，通达的心变得阻塞了，人人各有私心，甚至有人把父、子、兄、弟看成仇人。圣人对此十分担忧，所以推广他天地万物为一体的仁爱来教育天下人，使人人都能克制私欲、清除蒙蔽，恢复其与圣人相同的心。圣人教化的主要精神，就是尧舜禹一脉相承的「道心惟微，惟精惟一，允执厥中」。而圣人教化的具体细节内容，就是舜让契教化天下的「父子有亲，君臣有义，夫妇有别，长幼有序，朋友有信」五个方面。唐尧、虞舜与夏、商、周三代，教师仅仅教这些，学生也仅仅学这些。那时，人人没有不同的观点，家家没有不同的习惯，能自然实践这些内容就是圣人，通过努力做到的是贤人，违背于此的人即使像丹朱那样聪明，也属于不肖之徒。就是在田间市井从事农、工、商、贸

的普通人，也都学习这些内容，把成就自己的品德当作第一要务。为什么呢？当时没有乱七八糟的见闻，没有背诵的烦琐，没有数不胜数的诗词文章，更不用追名逐利，只是孝顺双亲、尊敬兄长、对朋友忠信，恢复人心本体所共有的良知。这是人性中本来就有的，而不是从外面借来的，哪个人不能做到呢？

在学校里，也主要是培养人的品德。而人的才能各有不同，有的擅长礼乐，有的擅长政治教化，有的擅长水利农事，则根据他们的德性，因材施教，使他们的才干在学校里进一步提高。根据各人的德性让他们终身担任某一职务。用人者只知同心同德，共同努力使天下百姓安居乐业，只看被任用者的才能是否称职，而不以身份高低分轻重，不以职业不同分好坏；被任用的人也只知同心同德，共同努力使天下百姓安居乐业，如果所在的岗位适合自己，就是一生都从事繁重的工作也不认为辛苦，一生从事低下琐碎的工作也不认为卑贱。那时，天下所有的人都高高兴兴，亲如一家。那些才能低下的人，则安于农、工、商、贸的职业本分，兢兢业业，互相为对方提供生活必需品，却没有攀比、羡慕的想法。那些才能像皋陶、夔、后稷、契一样卓越的人，则出来做官以发挥他们的才能。整个天下事就像一个家庭的事务，有人负责衣服、食物方面的劳作，有人经商互通有无，有人制造器具，大家群策群力，来实现赡养父母、教育子女的心愿，都只怕自己承担的事务做不好，因而尽心尽责。所以后稷勤劳于稼穑，而不以自己不知教化为耻辱，他把契的善于教化视同自己善于教化；夔负责礼乐，而不以自己不明白礼仪为耻辱，把伯夷的通晓礼仪视同自己通晓礼仪。因为他们心地纯洁明亮，具有完全实现天地万物为一体的仁爱，所以他们的精神、心气流畅贯通，没有你我的区分和人与物的差别。就像一个人的身体，眼看、耳听、手拿、脚走，都是为满足自己身体的需要。眼不会因自己不能听而感到耻辱，耳朵听到声音的时候，眼睛一定会去看；脚不以不能拿东西为耻，手向前伸出去拿东西时，脚一定会向前迈进；这由于人体元气充沛周行，血脉畅通，所以痒痛呼吸都能感觉到并作出神奇的反应，有不言而喻的妙处。圣人的学问之所以最简单也最明白，容易通晓、容易实践、容易学成，正是因为它主要在于恢复人心本体所共有的天理，而对于具体的知识和技能并不加以论述。

【原文】

三代之衰，王道熄而霸術猖；孔、孟既没，聖學晦而邪説横：教者不復以此爲教，而學者不復以此爲學；霸者之徒，竊取先王之近似者，假之於外，以内濟其私己之欲，天下靡然而宗之，聖人之道遂以蕪塞，相仿相效，日求所以富彊之説，傾詐之謀，攻伐之計，一切欺天罔人，苟一時之得，以獵取聲利之術，若管、商、蘇、張之屬者，至不可名數。既其久也，鬭爭劫奪，不勝其禍，斯人淪於禽獸夷狄，而霸術亦有所不能行矣。

世之儒者慨然悲傷，搜獵先聖王之典章法制，而掇拾修補於煨燼之餘；蓋其爲心，良亦欲以挽回先王之道。聖學既遠，霸術之傳積漬已深，雖在賢

知，皆不免於習染，其所以講明修飾，以求宣暢光復於世者，僅足以增霸者之藩籬，而聖學之門墻遂不復可睹。於是乎有訓詁之學，而傳之以爲名；有記誦之學，而言之以爲博；有詞章之學，而侈之以爲麗。若是者紛紛籍籍，羣起角立於天下，又不知其幾家。萬徑千蹊，莫知所適。世之學者，如入百戲之場，歡謔跳踉，騁奇鬭巧，獻笑爭妍者，四面而競出，前瞻後盼，應接不遑，而耳目眩瞀，精神恍惑，日夜遨遊淹息其間，如病狂喪心之人，莫自知其家業之所歸。時君世主亦皆昏迷顛倒於其説，而終身從事於無用之虚文，莫自知其所謂。間有覺其空疏謬妄，支離牽滯，而卓然自奮，欲以見諸行事之實者，極其所抵，亦不過爲富彊功利五霸之事業而止。

聖人之學日遠日晦，而功利之習愈趨愈下。其間雖嘗瞽惑於佛老，而佛、老之説卒亦未能有以勝其功利之心；雖又嘗折衷於羣儒，而羣儒之論終亦未能有以破其功利之見。蓋至於今，功利之毒淪浹於人之心髓，而習以成性也幾千年矣。相矜以知，相軋以勢，相爭以利，相高以技能，相取以聲譽。其出而仕也，理錢穀者則欲兼夫兵刑，典禮樂者又欲與於銓軸，處郡縣則思藩臬之高，居臺諫則望宰執之要。故不能其事，則不得以兼其官；不通其説，則不可以要其譽；記誦之廣，適以長其敖也；知識之多，適以行其惡也；聞見之博，適以肆其辨也；辭章之富，適以飾其僞也。是以皋、夔、稷、契所不能兼之事，而今之初學小生皆欲通其説，究其術。其稱名僭號，未嘗不曰吾欲以共成天下之務；而其誠心實意之所在，以爲不如是則無以濟其私而滿其欲也。

嗚呼！以若是之積染，以若是之心志，而又講之以若是之學術，宜其聞吾聖人之教而視之以爲贅疣枘鑿。則其以良知爲未足，而謂聖人之學爲無所用，亦其勢有所必至矣！

嗚呼！士生斯世而尚何以求聖人之學乎？尚何以論聖人之學乎？士生斯世而欲以爲學者，不亦勞苦而繁難乎？不亦拘滯而險艱乎？嗚呼，可悲也已！所幸天理之在人心，終有所不可泯，而良知之明，萬古一日，則其聞吾「拔本塞源」之論，必有惻然而悲，戚然而痛，忿然而起，沛然若決江河而有所不可御者矣！非夫豪杰之士無所待而興起者，吾誰與望乎？

【译文】

夏、商、周三代以后，王道衰退，霸道兴盛。孔子、孟子死后，圣学晦暗，邪说横行：教的人不教圣学，学的人也不学圣学；讲霸道的人，偷偷地用与先王相似的东西，借助外在的知识技能来满足自己的私欲，世人都一窝蜂地尊奉他们，圣人之道就荒芜阻塞了。世人互相效仿，天天

探求能够富国强兵的学说、倾轧欺骗的计谋、攻打讨伐的策略，以及一切欺天骗人、有可能得逞一时并获取功名利禄的手段，像管仲、商鞅、苏秦、张仪这样的人，多得不计其数。长此以往，互相争斗抢夺，祸害无穷，这些人沦为夷狄禽兽，连各种霸道之术也不能推行了。

于是，世上的儒者感叹悲伤，搜寻过去圣王的典章制度，从秦始皇焚书烧剩的灰烬里拾掇修补，其目的也的确是为了恢复先王的圣道。然而，圣学已经太久远了，霸术流传造成的影响很深，即使是贤明睿智的人也免不了受到污染。他们对圣学进行宣扬修饰，并希望圣学发扬光大，实际上这只能增加霸道的影响力，至于圣学的踪影却再也见不到了。于是，产生了解释古书字义的训诂学，传讲授课以求虚名；产生了记诵圣言的学问，满口圣言以充博学；产生了填词作诗的学问，铺排夸张以工文采。这种人吵嚷喧嚣，在世上群起争斗，又不知道有多少家！他们流派众多，使人们无所适从。天下的学者好像进入了一百场戏同时演出的剧院，只见欢呼跳跃、争奇斗巧、献媚取悦的戏子从四面同时涌出，令人前顾后盼，应接不暇，以至于眼花耳聋，精神恍惚，日日夜夜在里面沉溺游弋，就像心智狂躁失常的人不知道自己的家在哪里。当时的君王们也沉迷倾倒于这类学问，终生从事无用的虚文，也不知道自己都说了什么。偶尔，有人认识到这些学说空洞荒诞，杂乱不通，于是发奋努力，想以实际行动干点实事，他们所能做到的也不过是像春秋五霸那样富国强兵、建功逐利的霸业罢了。

圣学离我们一天比一天远，一天比一天昏暗不明，追逐功名利禄的风气却日盛一日。这中间虽有人被佛老学说迷惑，但佛老的学说到底也不能战胜世人追名逐利的心。虽然有人又试图拿群儒的学说来调和折中，但是群儒的观点最终也战胜不了人们对功利的看法。到今天，追求功名利禄的流毒侵蚀人们的灵魂，积习成性，已有数千年。人们在知识上互相夸耀，在权势上互相倾轧，在利益上互相争夺，在技能上互相攀比，在名声上互相竞争。那些做官的，管理钱粮的还想兼管军事和司法；掌管礼乐的又想参与吏部的事务；在郡县做官的则想到省里当主管人事、财政和司法的大官；位居监察要职的则眼巴巴地看着宰相的位子。本来应该是没有某方面的才能，就不能做某方面的官；不通晓某方面的理论，就不能获得相应的荣誉，可实际的情况却是，记忆广泛，正好助长他们的傲慢；知识丰富，正好使他们能够作恶；见闻广博，正好使他们肆意诡辩；文采富丽，正好掩饰他们的虚伪。所以，皋陶、夔、后稷、契都不能兼做的事，今天初学的小孩儿都想通晓其理论、探究其方法。他们打出的名义幌子，何尝不是说想完成天下人共同的事业，但他们的真实想法却是，认为不采取这样的手段就无法满足他们的私欲。

唉！以这样的积习影响，以这样的心思，又讲求这样的学问技能，当他们听到我说的圣人的教诲时，当然视为累赘和迂腐之说。他们把良知当成短处，把圣人的学说当成无用的东西，这也是势所必然的呀！

唉！生在这样时代的人，怎么有可能追求圣学呢？怎么有可能谈论圣学呢？生活在这个时代，想成为学者不也太辛苦艰难了吗？不也太困难艰险了吗？唉，可悲呀！万幸的是天

理自在人心，终究不可泯灭，良知的光明万年如一日。所以，听了我的「正本清源」的观点，有识之士一定会悲伤痛苦，奋然而起，就像江河决口的洪水一样不可阻挡。如果没有英才豪杰不期而至，我还能寄希望于谁呢？

啓周道通書

【原文】

吴、曾兩生至，備道道通懇切爲道之意，殊慰相念！若道通，真可謂篤信好學者矣。憂病中會，不能與兩生細論，然兩生亦自有志向肯用功者，每見輒覺有進，在區區誠不能無負於兩生之遠來，在兩生則亦庶幾無負其遠來之意矣。臨別以此册致道通意，請書數語，荒憒無可言者，輒以道通來書中所問數節，略下轉語奉酬。草草殊不詳細，兩生當亦自能口悉也。

【译文】

吴、曾两位年轻人到我这里，详细说明了你恳切向道的志向，我深感欣慰和想念！像你这样，可以说真是笃信好学的人了。我正为家父守丧，心情不好，没有与他们详谈，但他们也是有志向肯用功的人，每次见面都发现有新的进步。我实在不能辜负他们远道而来的诚意，对他俩来说也许没有辜负远道而来的用心。临走时，他们以此书信转达你的致意，要我写几句话。我此时昏乱糊涂，仓促之下，也没什么可说的，就只好就你信中提到的几个问题略加解释，算是一个交代。草草数语很不详细，他们两个自会向你口头转达。

【原文】

來書云：「日用工夫只是立志，近來以先生誨言時時體驗，愈益明白。然於朋友不能一時相離。若得朋友講習，則此志才精健闊大，才有生意。若三五日不得朋友相講，便覺微弱，遇事便會困，亦時會忘。乃今無朋友相講之日，還只靜坐，或看書，或遊衍經行，凡寓目措身，悉取以培養此志，頗覺意思和適。然終不如朋友講聚，精神流動，生意更多也。離羣索居之人，當更有何法以處之？」

此段足驗道通日用功夫所得，工夫大略亦只是如此用，只要無間斷到得純熟後，意思又自不同矣。大抵吾人爲學，緊要大頭腦，只是立志，所謂困忘之病，亦只是志欠真切。今好色之人未嘗病於困忘，只是一真切耳。自家痛癢，自家須會知得，自家須會搔摩得。既自知得痛癢，自家須不能不搔摩得；佛家謂之方便法門，須是自家調停斟酌，他人總難與力，亦更無別法可設也。

【译文】

你信中说：「先生说平常功夫只是立志，近来对先生的教诲时时加以体察验证，更加明白

了。但是我一会儿也离不开朋友，如果有朋友互相研讨，我的志向才会专注健旺、广阔宏大，才会生机勃勃。如果有三五天不和朋友们互相讨论，便觉得志向微弱，遇到事时就会产生困惑，甚至有时会忘掉志向。在目前没有朋友互相探讨的日子里，我就静坐沉思，或者看看书，或者随便走走。举手投足都不忘培养这个心志，深感心态平和舒适。但终究不如和朋友一起研讨那样精神振奋，更有生机。离群索居的人，有什么更好的方法来保持志向呢？」

这段话充分验证了你平时用功的收获，立志的功夫大致如此，只要你不间断，等到功夫纯熟后，感觉自然不同。一般来说，我们做学问最重要的就是立志。所谓的困惑、遗忘的毛病，也仅仅是志向还不真实确切。好色之徒，从来没有困惑和遗忘的毛病，就是因为好色的欲念真切。自己的痛痒自己应该知道，自己应会挠痒按摩。既然知道自己痛痒，也就不得不挠痒按摩，佛教称之为方便法门。必须自己考虑调整，别人终究帮不上忙，也更没有别的办法。

【原文】

來書云：「上蔡嘗問：『天下何思何慮？』伊川云：『有此理，只是發得太早。』在學者工夫，固是『必有事焉而勿忘』，然亦須識得何思何慮底氣象，一並看爲是。若不識得這氣象，便有『正』與『助長』之病。若認得何思何慮，而忘『必有事焉』工夫，恐又墮於無也。須是不滯於有，不墮於無。然乎否也？」

所論亦相去不遠矣，只是契悟未盡。上蔡之問與伊川之答，亦只是上蔡、伊川之意，與孔子《系辭》原旨稍有不同。《系》言「何思何慮」，是言所思所慮只是一箇天理，更無別思別慮耳，非謂無思無慮也。故曰：「同歸而殊途，一致而百慮，天下何思何慮」？云「殊途」，云「百慮」，則豈謂無思無慮邪？心之本體即是天理，天理只是一箇，更有何可思慮得？天理原自寂然不動，原自感而遂通，學者用功雖千思萬慮，只是要復他本來體用而已，不是以私意去安排思索出來；故明道云：「君子之學莫若廓然而大公，物來而順應。」若以私意去安排思索，便是用智自私矣。何思何慮正是工夫，在聖人分上便是自然的，在學者分上便是勉然的。伊川卻是把作效驗看了，所以有「發得太早」之說，既而云「卻好用功」，則已自覺其前言之有未盡矣。濂溪「主靜」之論，亦是此意。今道通之言雖已不爲無見，然亦未免尚有兩事也。

【译文】

你信中说：「谢良佐先生曾经问：『天下何思何虑？』程颐先生说：『有此理，只是发得太早。』从学者的工夫来说，固然是『必有事焉而勿忘』，但也应该明白何思何虑的气象，综合起来看才对。如果不明白这种气象，就会有『希望太高』与『盲目助长』的弊病；如果明白何思何虑，却又

忘了必有事焉的工夫，恐怕又会堕入虚无。应该是不被牵累，又不堕于虚无，对不对？」

你说的也差不多，只是还没领悟透彻。谢良佐先生与程颢先生的问答，只是他们俩人的意思，同孔子《易经・系辞传》中的原义稍有差别。《系辞传》中所讲的「何思何虑」，是说所思所虑只是一个天理，除此之外，没有别的思虑，并不是说无思无虑：所以说「同归而殊途，一致而百虑，天下何思何虑」？说「殊途」，说「百虑」，这难道是无思无虑吗？心的本体就是天理，天理只有一个，还有什么别的可思虑的呢？天理原本宁静寂然，原本感应贯通。学者下功夫，即使千思万虑，其目标也仅仅是恢复天理原来的本体和功用，而不是凭自己的私念去安排思索出来。所以程颢先生说：「君子做学问，应该是心胸宽阔而公正无私，有事发生则顺其自然。」如果凭私念去安排思索就是为私欲而用智慧。何思何虑正是为学的工夫，对圣人来说这是自然而然的，对学者来说就是要努力去做到。程颐先生却把它看作是功夫的结果，所以他说「发得太早」，接着又说「这正是所要下的功夫」，他已感觉到前面讲的还不全面。周敦颐先生的「主静」观点也是此意。你的看法，虽然已有所见识，但也还存在时而堕入有、时而堕入无的问题。

【原文】

來書云：「凡學者才曉得做工夫，便要識認得聖人氣象，把做準的，乃就實地做工夫去，才不會差，才是作聖工夫。未知是否？」

「先認聖人氣象」，昔人嘗有是言矣，然亦欠有頭腦。聖人氣象自是聖人的，我從何處識認？若不就自己良知上真切體認，如以無星之稱而權輕重，未開之鏡而照妍媸，真所謂以小人之腹而度君子之心矣。聖人氣象何由認得？自己良知原與聖人一般，若體認得自己良知明白，即聖人氣象不在聖人而在我矣。程子嘗云：「覷著堯學他行事，無他許多聰明睿智，安能如彼之動容周旋中禮？」又云：「心通於道，然後能辨是非。」今且說通於道在何處？聰明睿智從何處出來？

【译文】

你信中说：「学者刚刚明白做工夫，就要认识圣人气象。大概认识了圣人气象，把圣人气象当作标准，去脚踏实地地下工夫，才不会出错，这才是作圣人的工夫。不知对不对？」

过去曾有人说过要「先认识圣人气象」，然而这也是缺少了要领。圣人气象自然是圣人的，我们从何处体认呢？如果不从自己良知上认真体认，好比用没有准星的秤去称轻重，用没有磨过的镜去照美丑，这才是以小人之腹度君子之心。怎么才能认识圣人气象呢？我们自己的良知本来同圣人一样，只要体察认清自己的良知，也就是圣人气象不在圣人而在我们身上。程颐先生曾说过：「看着尧，学他做事，但没有他的聪明才智，怎么能像他一样一举一动都符合礼仪呢？」他又说：「只有心与天理相通，才能明辨是非。」现在你且说说心在哪里与天理相通？聪明才智又从哪里来？

【原文】

來書云："「事上磨煉，一日之内不管有事無事，只一意培養本原。若遇事來感，或自己有感，心上既有覺，安可謂無事？但因事凝心一會，大段覺得事理當如此，只如無事處之，盡吾心而已。然乃有處得善與未善，何也？又或事來得多，須要次第與處，每因才力不足，輒爲所困，雖極力扶起，而精神已覺衰弱。遇此未免要十分退省，寧不了事，不可不加培養。如何？」

所説工夫，就道通分上也只是如此用，然未免有出入。在凡人爲學，終身只爲這一事，自少至老，自朝至暮，不論有事無事，只是做得這一件，所謂「必有事焉」者也。若説寧不了事，不可不加培養，卻是尚爲兩事也。必有事焉而勿忘勿助，事物之來，但盡吾心之良知以應之，所謂「忠恕違道不遠」矣。凡處得有善有未善，及有困頓失次之患者，皆是牽於毁譽得喪，不能實致其良知耳。若能實致其良知，然後見得平日所謂善者未必是善，所謂未善者，卻恐正是牽於毁譽得喪，自賊其良知者也。

【译文】

你信中说："「先生说修养要在事上磨炼，一天之内，不管有事无事，只是一心培养本体。如果遇到事情有了感触，或者自己动了念头，心中既然有感觉，怎么能说无事呢？但是根据情况仔细考虑一会儿，大体觉得事理应当如此，只是当作没什么事一样对待，尽我的本心罢了。但是仍然会有事情处理得好或不好，为什么呢？又或者事情很多，需要一件件处理，常常因才能欠缺，总是被事情所困扰，虽然极力坚持，但精神已感觉疲惫不堪。遇到这种情况，难免要退下来反省自己，宁可不做事，也不能不存养本心，这样做对吗？」

所说的工夫，对你这样天分的人来说，也就是这样下，然而难免还有些出入。凡人做学问，一辈子就只做这一件事，从小到老，从早到晚，不管有事无事，只做这一件，这就是「必有事焉」。如果说宁可不做事，也不能不存养本心，就成了两件事了。孟子说必有事焉而勿忘勿助，有事情发生，只要充分发挥我们心中的良知去应付，就是「忠恕违道不远」了。凡是事情处理得有好有坏，以及有困扰和混乱的担心，都是由于在意毁誉得失，不能真正致其良知。如果能真正致其良知就会发现，平时所谓处理得好的不一定就是好，所谓处理得不好的，恐怕正是由于在意毁誉得失，而自己毁掉了良知吧。

【原文】

來書云："「致知之説，春間再承誨益，已頗知用力，覺得比舊尤爲簡易。但鄙心則謂與初學言之，還須帶格物意思，使之知下手處。本來致知格物一並下，但在初學未知下手用功，還説與格物，方曉得致知。」云云。

格物是致知工夫，知得致知，便已知得格物。若是未知格物，則是致知工夫亦未嘗知也。近有一書與友人論此頗悉，今往一通，細觀之當自見矣。

【译文】

你信中说：「关于致知的学问，春天承蒙再次教诲，已经很清楚应在何处用力，感觉比过去更简单明了。但是我认为对初学者来说，还应该加上格物的内容，使他们知道从何处入手。本来致知格物是统一的，但由于初学者不知从何处入手，还是先说格物，他们才会明白致知。」

格物是致知的工夫，明白致知自然明白格物。如果不明白格物，则是致知的工夫也不清楚。最近有一封给朋友的信，详细讨论了这个问题，现在也给你寄去，仔细看看，自然会明白。

【原文】

來書云：「今之爲朱、陸之辨者尚未已，每對朋友言正學不明已久，且不須枉費心力爲朱、陸爭是非；只依先生立志二字點化人，若其人果能辨得此志來，決意要知此學，已是大段明白了。朱、陸雖不辨，彼自能覺得。又嘗見朋友中見有人議先生之言者，輒爲動氣。昔在朱、陸二先生所以遺後世紛紛之議者，亦見二先生工夫有未純熟，分明亦有動氣之病，若明道則無此矣。觀其與吴涉禮論介甫之學云：『爲我盡達諸介甫，不有益於他，必有益於我也。』氣象何等從容！嘗見先生與人書中亦引此言，

願朋友皆如此。如何？」

此節議論得極是極是。願道通徧以告於同志，各自且論自己是非，莫論朱、陸是非也。以言語謗人，其謗淺；若自己不能身體實踐，而徒入耳出口，呶呶度日，是以身謗也，其謗深矣。凡今天下之論議我者，苟能取以爲善，皆是砥礪切磋我也，則在我無非警惕修省進德之地矣。昔人謂「攻吾之短者是吾師」，師又可惡乎？

【译文】

你信中说：「现在为朱熹、陆九渊争辩的还大有人在。我常常对朋友们说，圣学不昌明已经很久了，不必枉费心机争辩朱熹、陆九渊谁对谁错；只按照先生的立志二字来点拨人，如果这个人真能辨清这个志向，决心要了解圣学，那么他已基本上明白了。即使不去争论朱、陆二人谁对谁错，他自己也能感觉出来。我曾经看到，朋友中有人一听到别人非议先生就非常生气。过去，朱、陆两位先生给后世留下众多争议，这说明他们俩人的工夫还不纯熟，明显有意气用事的弊病，而程颢先生就没有。他同吴涉礼评论王安石的学问时说：『请把我的观点全部告诉介甫，如果对他没有益处，也一定对我有益。』气度胸襟多么从容广大！我曾看到先生给别人的信中引用这句话，希望朋友们都这样，对吗？」

这段话讲得太对太对了。希望你告诉所有的同志，每个人只反省自己的是非，不要议论朱、

陆二人的对与错。用语言诽谤人，这种诽谤是肤浅的；如果自己不能身体力行，而只是听一听、传一传，整天嘀嘀咕咕，这是用行动诽谤自己，这种诽谤是很严重的。凡是现在天下议论我的人，假如能从中得到益处，那他们就都是在跟我切磋磨砺，对我来说也正是警惕反省、增进品德的地方。荀子说「攻击我缺点的人是我的老师」，老师难道是可恶的人吗？

【原文】

來書云：「有引程子『人生而靜，以上不容説，才説性便已不是性』，何故不容説？何故不是性？晦庵答云：『不容説者，未有性之可言；不是性者，已不能無氣質之雜矣。』二先生之言皆未能曉，每看書至此，輒爲一惑，請問。」

「生之謂性」，「生」字卽是「氣」字，猶言氣卽是性也。氣卽是性，人生而靜以上不容説，才説氣卽是性，卽已落在一邊，不是性之本原矣。孟子性善，是從本原上説。然性善之端須在氣上始見得，若無氣亦無可見矣。惻隱、羞惡、辭讓、是非卽是氣。程子謂「論性不論氣不備，論氣不論性不明」，亦是爲學者各認一邊，只得如此説。若見得自性明白時，氣卽是性，性卽是氣，原無性氣之可分也。

【译文】

你信中说：「严时亨引用程子『人天生就能静，以上境界不能说，才说性便已不是性』，这句话问朱熹：为什么不能说？为什么不是性？朱熹回答说：『不能说是因为没有性可言；不是性，是指说了之后，就不可能没有气掺杂在里头了。』他俩的对话我都不明白，每次看书看到这里，总是一阵迷疑，向先生请教。」

「生之谓性」的「生」字就是「气」字，也就是说气就是性。气就是性，人天生就能静这以上不能说了，才说气即是性，这样人性就偏到一边了，而不是人性的本原了。孟子提出性善论，是从人性本原上说的，但是人性善的发端只有在气上才能看到，如果没有气也就看不到性了。恻隐、羞恶、辞让、是非都是气。程颐认为「论性不论气就不全面，论气不论性就不明白」，这是由于做学问的人各自只看到一方面，只好这样说。如果能明白看到自己的人性，那么，气就是性，性就是气，原本没有性与气的区分。

【原文】

答陸原靜書（二）

來書云：「下手工夫，覺此心無時寧靜，妄心固動也，照心亦動也；心既恒動，則無刻暫停也。」

是有意於求寧靜，是以愈不寧靜耳。夫妄心則動也，照心非動也；

恒照則恒動恒靜，天地之所以恒久而不已也。照心固照也，妄心亦照也；其爲物不貳則其生物不息，有刻暫停則息矣，非至誠無息之學矣。

【译文】

你信中说：「在做工夫时，感觉心中没有一刻平静，妄心固然在活动，澄明的照心本体也在活动；心既然是一直运动的，那么也就没有片刻的平静了。」

这是有意去追求平静，所以越发不能静下来。妄心本来就是运动的，照心的本体则是不动的；良知永远处于既运动又宁静的状态，天地万物就因此而恒久不止。照心的本体是良知，妄心的本体也是良知；《中庸》中说其为物不二，则其生物不息，有瞬间的停息就会灭亡，就不是真诚而毫不停止地实现人心本体的学问。

【原文】

來書云「良知亦有起處」云云。

此或聽之未審。良知者，心之本體，即前所謂恒照者也。心之本體，無起無不起。雖妄念之發，而良知未嘗不在，但人不知存，則有時而或放耳；雖昏塞之極，而良知未嘗不明，但人不知察，則有時而或蔽耳。雖有時而或放，其體實未嘗不在也，存之而已耳；雖有時而或蔽，其體實未嘗不明也，察之而已耳。若謂良知亦有起處，則是有時而不在也，非其本體

之謂矣。

【译文】

你信中说「良知也有其发端的地方」等等。

这或许是你听得不明白。良知是心的本体，就是上面提到的恒照。心的本体无所谓开始不开始。既使妄念产生，但良知依然存在，由于人们不知时时存养，所以有时会失去它；即使昏庸闭塞到了极点的人，其良知却依然明亮，只是人们不知体察它，有时就会受到蒙蔽。虽然有时失去了它，但其本体未尝不存在，存养它就行了；虽然有时受到蒙蔽，但其本体未尝不明亮，体察它就行了。如果说良知也有开端，就是认为有时它就不存在，那就不是良知的本体了。

【原文】

「精一」之「精」以理言，「精神」之「精」以氣言。理者氣之條理，氣者理之運用。無條理則不能運用，無運用則亦無以見其所謂條理者矣。精則精，精則明，精則一，精則神，精則誠；一則精，一則明，一則神，一則誠，原非有二事也。但後世儒者之説與養生之説各滯於一偏，是以不相爲用。前日「精一」之論，雖爲原靜愛養精神而發，然而作聖之功，實亦不外是矣。

【译文】

「精一」的「精」是从理上来说的，「精神」的「精」是从气上来说的。理是气的条理，气是

理的应用。没有条理就不能运用，不运用就无法看到所谓的条理。做到了精，就可以精细，可以光明，可以专一，可以神奇，可以至诚；做到了一，就可以精细，可以光明，可以神奇，可以至诚，精和一原本是一回事。但是，后世儒生的学说同道家养生的学说各偏执于一方面，不能相互促进。前些天我关于「精一」的论述，虽然是针对你喜欢保养自己的精神而讲的，不过做圣人的功夫，其实也不外如此。

【原文】

來書云「元神、元氣、元精，必各有寄藏發生之處，又有真陰之精、真陽之氣」云云。

夫良知一也，以其妙用而言謂之神，以其流行而言謂之氣，以其凝聚而言謂之精，安可以形象方所求哉？真陰之精，卽真陽之氣之母；真陽之氣，卽真陰之精之父。陰根陽，陽根陰，亦非有二也。苟吾良知之說明，卽凡若此類皆可以不言而喻。不然，則如來書所云「三關、七返、九還」之屬，尚有無窮可疑者也。

【译文】

你信中说「元神、元气、元精一定各有寄托储藏的地方，又有真阴之精，真阳之气」等等。

良知只有一个，就它奇妙的作用而言可以称作神，就它的运行而言可以称作气，就它的凝结而言可以称作精，怎么能从形象、方位、处所上探求呢？真阴之精是真阳之气的母体，真阳之气是真阴之精的父体。阴生阳，阳生阴，阴阳也是一个统一体。如果我的良知学说能昌明于天下，类似问题都不言自明。如若不然，就你信中提到的「三关、七返、九还」之类，还有数不清的疑问。